계란찜이
끓는 시간

한국스토리문인협회 독백시조 동인
2017년 동인지 창간호

계란찜이 끓는 시간

장 문 外

문학공원

<책을 펴내며>

'독백시조동인' 창간호를 펴내며

우리 계간 <스토리문학>에는 매 호마다 시조가 20여 명씩 실립니다. 전국의 유수한 문예지 가운데 가장 시조를 많이 실어주는 문예지로 시조인들 사이에서는 정평이 나 있습니다. 그 밑바탕에는 계간 <스토리문학>의 주간이신 지성찬 선생님의 수고가 밑거름이 되었습니다. 지성찬 주간님께 머리 숙여 감사의 인사를 올립니다.

그런데도 이상하게 스토리문학에는 시와 수필 신인들은 많이 발굴되어 왔지만 도무지 시조시인의 발굴이 침체되어 왔습니다. 그래서 저는 묘안을 짜냈습니다. 시조쓰기 훈련을 시키는 것이 그 묘안이었습니다. 저는 한국스토리문인협회 카페 내에 '끝말잇기' 방을 '일곱자잇기' 방으로 시작하였습니다. 일곱 자는 시조 자수의 기본 근간이 되는 자수입니다. 그리하여 '일곱자잇기'를 1년여 시작한 후 저는 '열네자끝말잇기' 방으로 전환하였습니다. '일곱 자'를 '두 번 겹쳐 쓰기 방식'이었습니다. '열네자끝말잇기'방을 1년여 실시한 후 저는 그 방을 '시조로끝말잇기' 방으로 전환하였습니다. 처음 시조로 잇기 방은 억지로 글자수 맞추기에 연연했습니다. 그래서 그 방에 올라온 작품들은 '시조'라기보다 시조의 형식을 맞추기만 하면 되는 끝말잇기였습니다.

어느 날 저는 제목도 없이 올리던 끝말잇기 방에 제목과 이름을 넣으라 하고 분기별로 시조로잇기 방에 올라온 우수한 작품을 선정하여 시상하기로 하였습니다. 그 첫 번째 수상자가 이윤순 시인입니다. 이윤순 시인은 이번 2018년 불교문예 신춘문예에서 마침내 당선의 쾌거를 안으셨습니다. 이는 지난 10여 년 간 한국스토리문인협회에서 단 하루도 거르지 않고 매일 출근하셔서 시조로끝말잇기방을 채워주신 수고에 대한 보상입니다. 진심으로 축하드립니다.

아울러 이번 시조동인지에는 지난 15년동안 스토리문학을 잊지 않고 참여해주신 장문 시인을 제7회 스토리문학상 시조부문 수상자로 결정합니다. 시조로끝말잇기방에서 좋은 활약을 보여주셔서 제7회 스토리문학상 시조부문 특별상을 받게 되신 박성환 시인께도 박수를 보냅니다.

물론 몇몇 사람에 국한된 작품이지만 시조로끝말잇기방의 2년치 원고를 거의 원안대로 실으면서 류안 시조분과 회장께서 출품하신 제목으로 동인의 이름을 <독백시조동인>으로 정하고, 김남미 시인께서 출품하신 작품 『계란찜이 끓는 시간』이 창간호 제목이 돼 너무나 기쁩니다. 앞으로도 한국스토리문인협회 카페에 방문하시어 시조로끝말잇기 방을 활성화해주시면서 시조부흥운동에 적극적으로 참여해주시길 바랍니다. 대단히 고맙습니다.

2018년 1월 27일

한국스토리문인협회 회장 김 순 진

차 례

지성찬

아호는 설정(雪庭)
1954년 연세대학교 상경대학 경영학과 졸업
1980년 <시조문학> 추천으로 등단
계간 <스토리문학> 주간, <시조세계> 편집위원
한국시조시인협회 감사
스토리문학상 대상 수상
시집 『서울의 강』, 『서울에 사는 귀뚜리야』,
『가을엽서』, 『하늘에서 보낸 편지』
『대화동 일기』, 『백마에서 온 편지』(우리
시대 우리시조 100인선) 외 다수
수필집 『깨끗한 그릇』
가곡, 성가곡, 합창곡, 칸타타 등 200여곡 작사

두 사람의 이야기 외 2편

지 성 찬

길을 가다 소경을 만나 얘기를 나누다가
좋은 세상 구경 못 하는 소경에게
아쉬운 동정의 말로 위로를 보냈는데

어디로 가시는가 소경이 물어본다
팔자 좋은 구경만 하다 어디로 가시는가
당신의 눈에 비친 것, 없어질 그림자라

내 비록 보지 못해도 진리는 듣고 살았네
세상 것을 보지 못하나 하늘나라는 보며 사네
영원히 변하지 않는 그런 그림 보고 사네

거울

내 가슴엔 작은 거울 하나가 있습니다
내 얼굴을 비출 때면 슬쩍 감추면서도
미움이 솟구치면은 재빨리 꺼내 든다

구석에 오래 두어 먼지가 쌓인 거울
꺼내 보기 싫어서 상자 속에 가두었다
어쩌다 꺼내 보고는 다시 감춰두었다

감옥에 산다

크고 높은 집을 지었다 많은 돈을 풀어내어
이것저것 사서 모아 욕심껏 쌓아놓고서
가시가 달린 철망을 담장 위에 둘렀다

그 집에 홀로 앉아 밖에는 나갈 일 없고
가진 것 지킨다며 스스로 갇혀 산다
감옥이 따로 없는 겨, 그게 바로 감옥이지

장 문

1957년 서울 출생
닉네임은 모나리자
한국스토리문인협회 회원
문학공원 동인
독백시조 동인
시조집 『미완성 대동여지도』

딱따구리는 집을 짓는다 외 2편

張　文

텃새만 살던 땅에 하나둘씩 날아든 새
겉모양 똑같아도 말이 서로 달라서
만나면 주고받는 인사 니하우마 안녕이다

그대가 눈 뜨기 전 아니면 뒤척일 때
부리로 두드리는 소리를 들었으리
지어도 살지 못할 집 제집인 양 짓고 있는

날개를 가졌어도 날아본 적 없었다
행복의 안전 고리 허공에 걸렸어도
그 모습 들켜버릴까 담장으로 가리고

어제는 오늘이었고 오늘은 또 내일로
기약도 없는 꿈을 버릴 수가 없어서
오늘도 한데 모여서 집을 짓는 저 소리

고향 찾기 · 2

해마다 춘삼월엔 새색시가 따로 없다
산과 들 꽃잎마다 연지곤지 바르고
밤 오자 기다린 듯이 불 끈 이유 알겠다

사계를 살다 보면 좋을 수만 없는 일
때로는 주룩주룩 수심가가 흘렀었다
그 여름 지난 뒤에는 곡절 모두 잊어도

사는 건 가난해도 마을은 무릉도원
논둑에 나가 앉아 참새나 쫓다가도
저녁놀 몸에 두르고 개울 따라 걷다 보면

앞산의 천둥지기 외딴집 언년이네
소리꾼 겨울바람 살맛나는 설야에
밤나무 별꽃은 지고 새로 피는 겨울 꽃

아파트 · 2

그녀를 처음 본 게 열네 살 적이었나
감자밭 파밭 딛고 쓸쓸히 서 있더니
대단한 여자였구나 폐경기도 오지 않는

바라본 서산머리 발갛게 물든 것이
아무리 생각해도 저녁놀이 분명한데
남근을 불끈 세우며 우겨대는 굴뚝 보소

배 위에 사람 살고 엉덩이 아래 사람 산다
미쳐서 사는 곳이 따로 있다 하지만
나을 게 하나 없는 걸 멀쩡한 체 살고 있다

박성환

한국스토리문인협회 회원
시사만화가
문학공원 동인
독백시조 동인
계간 <스토리문학> 시사카툰 연재 중

배부른 보릿고개 외 2편

박 성 환

단칸방 한가운데 옥수수빵 한 덩이
눈빛은 강강술래 손끝은 쭈뼛쭈뼛
허기진 칠 남매 정이 보름달로 뜨던 밤

양보로 서로 남긴 초승달 빵조각이
하늘에 올려지길 바라는 부모 마음
만삭의 보름달 되면 배부르게 먹이리

아버지 배부르다 어머니 배부르다
형아는 안 고프다 누나는 안 고프다
배고파 넘은 고갯길 정만은 배불렀소

이별, 금단증상

누우면 간질간질 네 생각 기어 나와
효자손 움켜쥐고 마음을 긁어대도
암팡진 손끝 생각에 가려움은 더하고

부리를 비벼대는 비둘기 꼴사나워
홧김에 강소주로 마음을 잠갔는데
눈뜨니 수줍은 미소 사이다로 넘치고

막걸리 한 사발에 톡 쏘는 홍어 삼합
분위기 알싸하니 금연 중 담배 생각
단박에 떨칠 수 없는 당신 모습 같구려

등대

해지는 부둣가에 너울춤 붉은 파도
잠에서 깨어나라 발등을 간질이면
그제야 해를 찾느라 바빠지는 눈동자

길잃은 갈매기야 내 눈을 바라보렴
길 찾는 고깃배야 내 눈에 의지하렴
갈피를 잡지 못하는 빙빙 도는 마음도

파도가 거품 물고 험하게 대들어도
부릅뜬 눈동자로 너를 꼭 지키리니
눈앞이 캄캄해 지면 나를 찾아 오시게

오계아

1931년 제주시 한림 출생
2005년 제주MBC여성백일장 특별상 수상
2006년 <제주문학> 신인상 가작 수상
2008년 월간 <스토리문학> 시조부문 등단
한국문인협회 회원
한국스토리문인협회 회원
제주작가회의 회원
문학공원 동인, 독백시조 동인
시조집 『우물 안 개구리』(2010년)
『우물 안 세상만사』(2016년)
수필집 『명월리 팽나무처럼』(2006년)
『뭍을 보는 개구리』(2010년)
『유자나무의 노래』(2013년)

독서 중에 외 2편

오 계 아

한 산을 열이 봐도 저마다 다를 관상
설명도 희다 검다 생각대로 하듯이
세월이 오래 될수록 같은 눈도 다른다

읽으면 읽는 만큼 맛과 향이 뛰어나
계절 호 월간 호에 흠뻑 빠진 한겨울
적막에 호롱불처럼 어깨동무 하잔다

억새의 노래 · 1

언덕 닮은 품속에 숨었던 독서의 길
시든 풀도 살리는 명의사 처방인 것을
신구 간 기로에 앉아 노래하는 섬 억새

온종일 잠자다가 기지개 켜는 삼경
자던 눈 비비 쓸며 내다보는 숨은 빛
남모른 길을 열면서 늙은 손목 잡는다

억새의 노래 · 2

심봉사 미련 닮은 지난밤 검은 꿈도
오는 아침 햇살에 얼음처럼 녹을 꿈
허망한 가슴속에서 실바람에 들뜬다

덤불 밭 걸으면서 찢어진 가슴으로
불면을 위로하며 지켜보는 저 허공
환하게 웃는 햇살이 어제보다 새롭다

비탈이 높을수록 깊어지는 골짜기
한기에 시린 발이 불타기 직전인데
저, 멀리 봄바람 소리 목마른 가슴 만진다

류 안

전북 장수 버들둔덕 생
중앙대학교 신문방송학과 졸업
중앙대학교 대학원 PR광고 석사
계간 〈스토리문학〉 시조부문 등단
한국스토리문인협회 시조분과 회장
친구에게들려주는시조 동인회장
오늘의시조시인회의 회원
우리시 회원, 문학공원 동인, 독백시조 동인
아트힐스 대표, 사진작가
디카시마니아 서울경인지부 회장
시인과화가 동인시집 『열애』 등 다수
tikiyoo@naver.com

남한산성(南漢山城) 애가(哀歌) 외 2편

류 안

산성(山城)은 산(山)을 닮아 천 년 동안 말이 없고
바람은 성벽 따라 사백 년 굽이 돌아매
서운 기억을 나른다, 남한산성(南漢山城) 서문(西門)에

삼대(三代)가 육십 여년 살았던 만주벌에
할머니 남겨두고 환향(還鄕)한 옌볜(延邊)아씨
암문(暗門) 밖 귀퉁이에 숨어 막걸리잔 나르고

큰 나라 칼바람에 실직당한 중년 신사
삼전나루 내려보고, 넥타이 고쳐 매며
비운 잔, 몰래 채우는 정(情)! 이천 원을 마신다

병자년 겨울 산성, 세치 혀만 날뛰었지
안에서 열 것인가 밖에서 열릴 것인가
힘없는 화전공론(和戰公論)만, 남은 것은 치욕뿐

오늘도 저 들판에 말굽 소리 가득한데
쌀 한 줌 의복 한 벌 못 만드는 쭉정이 말춤춘다!
남한산성(南漢山城)을 묻어버린 남한(南韓)이

독백

오랜만여
그러게 말여

살만한 겨
그렇지 뭐

소주 한 잔 언제 혀
그라지 뭐 긍게 말여

아따야
언제가 언제인겨
물으려다 말았당게

삼십 년 공부 중

아따 긍게
여의도로 가는 질이 어디당가

이 친구야 개 풀 뜯어먹는 소리 하지 말랑게, 거기 말여 아무나 가는 게 아니랑게 잉, 그 뭐시단가 자네 부친은 말여 일정시절에 북해도 징용 갔다 왔고 잉, 자네 모친은 만주에서 도망쳐 왔고 말여 잉, 자넨 말여 스카이도 큰 핵교도 못 댕겨왔고 잉, 자네 말여 오일육을 핵명이라 읽을 줄 아나, 쇳가루에 양주를 섞어서리 마실 줄 아나 잉, 교수도 나리도 군인도 검사도 판사도 밴호사 기자 양반들 아따 많아 부링디 아따 긍개 따땃한 햇살만 쬐다가 말여 잉, 평생을 말여 어만 사람 봉창털어 거시게하게 산 양반들이 말여 노망 안들라고 여의도로 가는거셔 잉, 나가 말여 풍수쪼까 볼 줄 아는디 말여 잉, 아따 긍게 머시냐면 여의고 여의고 여의여서 여의도여, 여의도로 질러갈려면 말여 잉, 거시기문을 통과해야는 디 말여, 거시기 은 말여 잉, 부모도 아내도 행제도 자식도 친구도 선배도 후배도 다 여의고 여의여서 빼작말라야 통과한당게, 야 긍게 유식한 말로, 자네가 여의도 가는 거 말여 황소가 바늘 귀 통과하는 거여 잉, 근디 말여 자네가 말여 잉 우선 먼저 말여 자네 자신부터 감쪽같이 속이는 공부를 하랑게 잉

아직도
자네는 공부 중인가

얼마나 다행인가

김승규

월간 <조선문학> 시 등단
계간 <한국문학정신> 수필 등단
계간 <스토리문학> 시조 등단
독백시조 동인
김시습문학대상, 연암박지원학술상, 송강문학예술상, 무원문학상, 민들레문학상 외 수상
저서 『해산의 희망 메시지』, 『달의 미소』
편역 『마음 닦는 법』, 『인과 실화』

달의 미소 · 142 외 2편

김 승 규

삭풍에 얼은 눈물 골짝골짝 탑 쌓아도
추억의 갈피마다 묻어나는 그리운 정
사랑이 머물던 자리 짙은 향수 품었다

세월이 약이라기에 잊힐 줄 알았는데
잊어야지 생각해도 무시로 떠올라서
세상이 잠든 밤이면 바라보는 저 하늘

한동안 머물다간 달 같은 천진보살
별들도 빛을 잃은 희붐한 새벽녘에
살풋한 미소 하나가 잠든 꿈을 깨운다

차나 한 잔 하시게

내 마음 깨끗하면 가는 곳이 꽃밭인데
구름인들 바람인들 꽃 아닌 게 있을까만
여보게, 색안경 쓰고 어찌 꽃을 보려나

한강에 배 지나도 흔적은 남지 않고
하늘에 구름 가도 발자국은 없는 건데
여보게, 간밤에 꾼 꿈 알아 무엇 하려나

살기 좋은 세상이라 등 따시고 배부른데
근심 걱정 부여잡고 마음 편할 날 없단다
여보게, 물 식기 전에 차나 한잔하시게

서울거지

서울역 서문 앞에 깡통 놓고 꿇은 거지
봄날은 어딜 가고 설한풍에 베짱인가
가만히 바라다보니 우째 나를 닮았다

차표를 끊고 보니 두어 시간 남았기에
볕들어 따신 곳의 의자앉아 책 보는데
비둘기 아장아장 다가와 끄떡끄떡 눈인사

풋풋한 임의전화 반갑고 고마워서
초안 잡은 서울거지 장난삼아 보냈더니
가슴이 울컥울컥하며 핑글핑글 아프다

이태순

아호는 승곡(承谷), 대구 출생
계간 <스토리문학> 시조, 시 등단
계간 <글벗문학> 수필 등단
대구가톨릭대학교 불어불문과 졸업
경북 인동상업고등학교 영어교사 역임
경기시조시인협회 이사, 한국노벨재단 이사
한국문인협회 회원, 한국스토리문인협회 평생회원
문학공원 시동인, 자작나무수필 동인, 독백시조 동인
자랑스로운경기문학상 수상
시집: 『참 괜찮은 여자, 『나도 초행이야』
수필집: 『꿈은 나이가 없다』
e-mail : luckylts@hanmail.net

인공지능(AI) 외 2편

이 태 순

로봇이 혼자서 집안청소 하는 시대
알파고와 이세돌이 피 말리며 싸울 적에
4차원 로봇세상이 현관문을 두드린다.

병원에선 간호사를 로봇이 대신하고
의사처럼 진단하고 처방전도 내려주고
공장은 근로자 없이 저 혼자도 잘도 간다.

퇴근하면 인공지능 마누라가 문을 열고
오디오가 음악 틀어 피로를 싹 풀어 줄
미녀는 사람의 탈을 쓴 인공지능 로봇이다.

능소화 피는 칠월

조용한 절간처럼 고요 잣던 능소화가
카톡에 깜짝 놀라 경기하듯 일어나서
하늘을 우러러보며 꽃피우기 바쁘다.

장맛비에 칼을 맞고 우박같이 낙화한 생
사랑에 피멍들어 하늘 보며 원망해도
남겨진 꽃들을 모아 소리치듯 피고 있다.

<동시조>

시골 큰집

방학엔 엄마 손잡고 종종종 큰집 가네
버스 창 지나가는 시골 길가 가로수들
줄지어 영화가 되어 파노라마 펼치네

앞마당 감나무에 주렁주렁 열린 홍시
화롯불에 군밤 절편 올려서 구워 먹고
사랑채 댓돌 위에는 나막신이 고요하다

벽에는 검은 갓과 곰방대 녹슨 재떨이
댓진 냄새 풍기는 사랑방이 정겨웁다.
좀 전에 태어난 송아지 걸음마가 신기하네

달뜨는 여름밤엔 수박 참외 서리하고
애들은 늪에 들어 풍덩풍덩 개헤엄치고
친구들 꼭꼭 숨어도 달님만은 다 아시네

김석준

계간 <동방문학> 수필, 시 등단
계간 <스토리문학> 시조 등단
한국문인협회 회원
한국스토리문인협회 회원
안산문인협회 회원
독백시조 동인
안산 별망성백일장 장원
시집 『고무락엔 누가 있나』

사드 배치 외 2편

김 석 준

양키 두목 일갈하니 칼빈슨 호 방향 돌리네
서울이나 평양이나 백 년 전 그대로 일세
피눈물 펑펑 쏟고도 정신 못 차리는 한반도

왕 서방 들어보라 원혼들의 함성을
당 태종 눈알 빼고 모택동 아들 품었도다
병자란 정유재란도 잊지 못할 원한怨恨일세

앞마당 선線 그어놓고 금순이 피눈물 나게
카우보이야 왕서방아 머리 위에 놀지 마라
아직도 애처럽구나 영도다리 난간 위에 초생달

골든트라이앵글(GOLDEN TRIANGLE)

소양강 지류에서 소나무 뗏목 타던 소년
메콩 강 지류에서 대나무 뗏목을 젓는다
공간을 뛰어넘어서 시간을 압축하네

미얀마 국경을 다리 하나로 건너고
라오스 국경을 배를 타고 넘는다
삼각지 트라이앵글 골든이라 부를 만하네

동물원 코끼리를 눈으로 감상하던 노인이
치앙마이 산책길에서 코끼리 등에 타고 논다
나라가 다르다보니 코끼리가 별짓을 다 하네

동물학대 하지 마라 보호법을 이해하느냐
코끝으로 동양화 그리고 사람 태우고 축구하니
화면을 보는 관광객 서글프고 애통하다

갈대의 노래

산책 길 양쪽 옆에서 무성한 온갖 풀잎
어른의 키 높이로 자라고 또 자라서
여울목 노래 소리에 춤추는 갈대의 숲

전선줄 가로질러 비둘기 날아 앉아
오르면 활공하고 내리면 물 한 모금
새들도 물고기들도 짝 짓는 계절이오

물속 잉어떼가 수 백 마리 헤엄치고
철따라 찾아오는 황새가 동무하니
시절이 너무 좋아서 갈대가 합창하누나

황새가 나를 보고 물 위를 헤쳐가다
긴 목을 S자 운동 쪼는 듯 하더니 훨훨
안산천 황새 날개가 창공을 휘젓고 있네

갖가지 들꽃들도 형형색색 만발하니
벌 찾아 꿀물 먹고 몸속에 저장하네
이것이 대자연 속의 생동하는 봄이네

김남미

2003년 월간 〈시사문단〉 시 등단
2017년 계간 〈스토리문학〉 수필 등단
한국스토리문인협회 회원
독백시조 동인
2011 해남이동주문학제 전국 시조백일장 우수상
2012년 〈중앙일보〉 시조백일장 월 장원
저서 『홈스테이는 기회다』
jmgknm92210@hanmail.net

계란찜이 끓는 시간 외 2편

김 남 미

아무런 죄책감 없이 한목숨 툭! 깨트린다
미명 내몬 둥근 해가 둥실 뜬 대접 안에
미동의 실핏줄 두 개, 날개일까 다리일까

어둑새벽 깨워주는 목울대 그 떨림도
꿈 많은 토종닭 포란의 시간도
한순간 무너트리는 낯설은 내가 있다

들숨 날숨 들고나는 주방은 도깨비 같다
유령들 까만 눈이 보글보글 끓는 시간
수만 개 현미 쌀이 한 솥에서 부활하는

냄비 속 젖은 발이 총 총 총 걸어 나와
병아리 떼 마당 가득 모이를 쪼는 순간
식탁 위 계란찜에는 부리 자국 선명하다

잘 될 거야

활짝 열어야 해요, 꽉 잠긴 저 큰문을
해독의 163 : 1[1] 열릴까 말까 초조해요
미로 속 비밀번호에 밑줄 좍좍 그었어요

답안지 둥실 떠있는 노량진 학원가엔
C 초승달 D 하현달 팽팽히 경쟁해요
신새벽 환경미화원, 오답 몽땅 쓸어가요

공시족[2] 머리 안에 나뒹구는 종잇조각
다 닳은 몽당연필 도돌이표 그리고요
늙으신 어머님 허리 구부정히 휘었어요

책갈피에 접힌 꽃들 부스스 일어서고
바람의 뺨을 맞은 열매가 붉어졌어요
내일은 출근을 해요, 저 높은 빌딩으로

---

1) 2012년 1차 경찰시험의 대구 지역 경쟁률.
2) 공무원시험 준비생들.

중년, 페달을 밟다

길섶의 스크린이 끊임없이 돌아간다
금계국 나비 떼가 팔랑팔랑 날아들고
살갗에 스치는 바람 그대 따순 손길인가

엇각으로 빛나가는 자전거와 바닥 사이
대립 각 뾰족해져 타이어 구멍 날 때
돌 대신 던지는 시선 소실점 흐릿하다

중년의 바퀴살엔 생채기가 많아진다
무심코 달려가다 꽃잎 몇 장 멍이 들고
찢기고 살 허무는 일 이 땅 어디 나뿐이랴

버지니아 울프처럼 강가를 기웃대던
숨결이 두근대는 허기를 등 뒤로 밀며
힘차게 페달 밟는다, 환한 아침 가른다

김남희

아호는 석향(石香), 향원당(香園堂)
중대부여고 · 성균관대 졸업
2014년 <문학사랑> 신인작품상 등단
한국스토리문인협회 회원
대전글벗문학회 회원
대전문인협회 회원
친구에게들려주는시조 동인
독백시조 동인

꽃무릇 길 따라 외 2편

김 남 희

이대로 살아서는 만날 수 없다기에
차라리 들꽃 되어 서둘러 피었더니
꽃들도 심장이 아파 갈기갈기 터졌나

붉은 맘 드러내며 속눈썹 휘날려도
그대는 야속하게 여전히 몰라보니
뒤집어 보여준대도 가슴앓이 멈출까

들꽃이 되어서도 만날 수 없다면야
차라리 님 곁에 선 새색시 녹의홍상
옷빛이 되어서라도 만나보고 싶어라

두물머리에 가는 까닭

두 물이 하나 되는 겨울이 있는 곳에
내 사랑 있을 자리 그대 곁 아니라도
가슴속 한 귀퉁이에
웅크리고 앉는다

이토록 아플 만큼 멀리한 미련이야
두 가슴 꼭 닿도록 보듬어 주고 싶어
따습게 함께 있고파
눈이 오면 찾는다

손으로 그대 얼굴 가만히 만져보려
귀대고 가슴 깊이 듣고픈 소리 있어
잠들면 찾아 떠난다
사랑하는 사람아

노을 꽃 편지

밟혀도 어떻게든 살아만 있으라고
견뎌야 우리 다시 만날 수 있다기에
언제나 여기 이렇게 씩씩한 척 있어요.

언 땅도 찬 기운도 화풍花風에 서두를 때
낯익은 숨소리에 가슴 문 열고 보면
멀지도 않은 거기에 그댄 항상 계셨죠.

어차피 살아서는 만날 수 없을 테니
해 뜨고 지는 자리 두향[3]의 단심丹心 같은
홍매로 노을 편지에 꾹꾹 적어 보내요.

---

3) 두향(杜香) : 퇴계 이황과 애틋한 사랑을 나눈 기녀.

박선해

아호는 소하

계간 <현대시선> 시, 시조 등단

현대시선작가협회 회원

한국스토리문인협회 회원

문학공원 동인, 독백시조 동인

현대시선 영상문학 베스트상

현대시선 창작대상수상

동인지 『수레바퀴』

『새벽빛 와 닿으면 스러지는』 외 다수

시노래 <단 한 번> 작사

송도바다 외 2편

박 선 해

여름 낮 반복되는 일상을 파도 편에
장중히 날려본다 구름은 뭉퉁이로
투신해 하늘 끝귓이 포름하니 퍼진다

수천 번 빗겨 나간 삶덩이 요란했지
몸짓은 치열하나 때로는 울림이지
긴 빛은 정열을 뿜고 후들후들 떨린다

바다의 사람들은 분주한 옷자락에
향수를 풀어내며 송도를 품어 간다
얼마나 많은 눈물이 흘러흘러 들을까

꿈꾸는 모래사장 낮바다 밤바다도
저무는 언덕 위에 한 편의 이야기들
숲 내는 뒤란의 바람 알몸덩이 흰구름

가을날의 찻집에서

오후에 꽃분 바른 다은한 햇살 아래
강변의 테라스 위 차 한 잔 내려 쉬자
물새는 착실히 울어 노을 맞이 하련다

노을 진 강변 찻집 창으로 들어서는
온후한 생활 일기 따스히 흘러 나자
밤하늘 무릎 보자기 달빛 별빛 붓는다

해저녁

저문해 우그러져 짚데기 넝마로고
묵은지 동동주야 청춘이 시그럽다
한 사발 덩기덩더쿵 찬 솔가지 젖겠네

김순진

계간 <스토리문학> 발행인
고려대학교 평생교육원 시창작과정 강사
도서출판 문학공원 대표
한국스토리문인협회 회장
한국문인협회 이사
국제펜클럽 한국본부 이사
한국현대시인협회 감사
천상병문학제 추진위원장
문학공원 동인, 자작나무수필 동인, 독백시조 동인
스토리소동 소설동인
시집 『광대이야기』 외 저서 14권
수상 : 수필춘추 문학대상 외 다수
이메일 : 4615562@hanmail.net

장모님의 땅콩밭 외 2편

김 순 진

장모님 채마밭을 국방부가 징발했다
평생을 일구던 밭 그냥 놀릴 수 없어
공휴일 몰래 들어가 땅콩을 심으셨다

알량한 보상금에 가슴에도 풀이 돋아
장끼도 껑껑 울며 총소리에 덤비는데
공포를 무릅쓰고서 김을 매러 다니셨다

피이융 땅콩땅콩 공산당 막는다며
장모님 발걸음을 묶으려는 군인들
땅콩은 포기 밑에다 총소리를 숨긴다

광릉수목원 건축방식

새소릴 깎아 만든 창문은 공동 창문
천만년 썩지 않는 지붕을 시공하고
나무는 안으로부터 밖으로 집을 짓는다

썩은 집 매미네 집 울창한 집 바람네 집
개미와 진딧물 미물들은 우선 입주
상수도 스프링클러 자가 펌프 시공하고

가을엔 문을 닫아 제비를 보내놓고
기러기 불러다가 순찰을 잊지 않는
광릉숲 아파트단지엔 크낙새가 대목수다

해마다 한 층씩 늘어가는 나이테
양지쪽 방 넓히고 그늘에 꿈을 쟁여
수백 년 쌓아올려도 멈추지 않는 대공사

휴가

휴가일 다가오니 꿈 많은 소년되어
동해안 제주도에 해외까지 꿈을 꾸다
빠듯한 주머니사정 헤량하며 단념하네

사박오일 받은 휴가 어디로 갈 것인가
시골에 가서 쉴까 그마저 말았다네
아버지 돌아가시니 허전한 집 신이 안나

에어컨 펑펑 켜고 사무실이 최고 휴가
시 쓰고 책도 읽고 밀린 일 많이 할까
그리운 아버지생각에 휴가를 몽땅 썼네

한국스토리문인협회 카페 2016년

시조로끝말잇기방 시조

기도 / 오계아 16.01.01. 00:25

오- 주여 살피소서 거칠고 험한 세상
희고 검은 생명들 지혜를 주시옵고
평화를 이룩하면서 걸어가게 하소서

그리움 / 최병규 16.01.01. 11:12

서설이 흩날리던 어느 날 명동거리
그녀와 약속장소 서성이던 세월들이
펄펄펄 떨어져 쌓인 그리움만 하얗지

침묵 / 한지영 16.01.01. 12:07

지면에 써내려간 말없는 언어들이
얼굴로 올라앉아 침묵의 가르침을
새해의 첫날 아침에 조용히 가르치네

네모와 동글이의 사랑 / 김근숙 16.01.01. 22:30

네모가 동그라미 품속에 뛰어들어
사랑을 고백하니 뾰족이 네모돌이
동글이 사랑덕분에 둥글게 변했구나

네(□)가 원(○)하는 사랑♡ / 윤 정 16.01.01. 23:49

네모가 기다리는 동그란 사랑이란
사방을 각 세우는 뾰족함 다듬는 것
해풍이 몽돌을 빚듯이 제 살을 깎으면서…

1월 1일 / 이윤순 16.01.02. 08:54

서성대다 지나간 새해의 일월일일
고유명절 아니지만 가족이 다모여서
자정에 케익불면서 새해맞이 하였어

빛과 그림자 / 이윤순 16.01.04. 05:57

어둡살이 찾아드니 그림자 사라지고
밝은 해 찾아드니 그림자 나타나네
좋아도 숨어 사는 건 빛과 그림자 로구나

침엽수 / 윤 정 16.01.04. 10:44

나홀로 독야청청 소나무 의롭구나
침처럼 뾰족한 손 추운 날씨 버티건만
무심히 보기에 따라서 입방아를 찧더라

입원하다 / 김태연 16.01.04. 19:50

라디오 없는 병실 캄캄한 세상 물정
위축된 마음가짐 어설픈 불안운전
사고를 불러들이곤 병원신세 지는구나

나눔의 기적 / 김근숙 16.01.05. 06:32

나눔은 행복의 길 콩 반쪽 사랑 가득
외롭던 마음의 밭 기쁨이 가득 차고
내 발길 외로움 찾아 나눔 잔치 벌이네

물 흐르듯 순리대로 / 김태연 16.01.05. 09:27

네 미음 내가 알고 내 마음 네가 알면
만사가 편할 것을 웬 걱정 그리 클까
큰 욕심 거둬들이고 즐거웁게 살아보세

평화를 기기며 / 오계아 16.01.05. 14:24

세상이 평화되면 오죽이나 좋으련만
검은 물 흩뿌리며 불평하게 하는 새
깨끗이 잡지 못하면 우리 후손 어떨까

일에 묻혀 / 한지영 16.01.05. 21:36

까맣게 잊었었네 온종일 바빴었네
해지고 몸을 뉘어 휴대폰 열어보네
얼굴에 일의 여독이 화끈화끈 오르네

귀신도 놀랄 세상 / 이윤순 16.01.06. 23:42

네모 창 손에 쥐니 온 세상이 내 손안에
나쁜 건 볼 일 없고 좋은 것만 찾아보자
희한한 요지경세상 귀신님들 놀랄 세상

천둥 / 김윤득 16.01.07. 10:02

엊그제 늦으밤에 쇳소리 내어가며
온 동네 여기저기 휘젓고 다니면서
던지고 때리 부수고 물 퍼붓고 일있소

겨울밤 / 임진이 16.01.07. 20:31

소쩍새 우는마을 싸락눈 싸락싸락
겨울밤 화롯가에 할머니 이야기는
밤마다 기다려지는 전설같은 경험담

새해 맞이하기 / 김무늬 16.01.08. 06:24

담담한 마음으로 새날을 맞이하니
무언가 기대되는 병신년 새해 맞아
다진 맘 곧추세우는 정월인가 하노라

떡볶이와 라면 / 이윤순 16.01.08. 07:40

라볶이 해달라고 졸라대던 친손 외손
매워서 호호 불며 물 컵을 서로 뺐네
그래도 맛이 좋다고 엄청나게 잘 먹어

체중 대신에 문향으로 / 이태순 16.01.08. 09:34

어느새 칠순 넘겨 또 한 살 먹었구나
새해엔 건강한 몸 건강한 정신으로
활기찬 풍요로운 삶 행복하게 살거야

병신년 새해에는 할 것이 너무 많아
체중은 많이 줄여 쓰레기로 버리고
문향을 가슴 가득히 대신해서 채우리

동심 / 김윤득 16.01.08. 15:45

추워서 호호불면 내 손이 따뜻해요
바람이 많이 불면 내 손은 호주머니
속으로 깊이 들어가 내 손등은 따뜻해

교통사고 당하다 / 김태연 16.01.08. 18:32

해맞이 계획들이 수포로 돌아갔쥬
왜냐고 묻는다면 박치기 당했다우
아무리 방어운전을 잘 한대두 대책 없슈

미운 사람 / 한지영 16.01.08. 20:17

슈퍼에 갔더니만 선생님 박치기한
그 사람 능청스레 헤헤헤 웃고있소
어찌나 속이상한지 때려주고 싶었소

추억 / 김정순 16.01.11. 00:31

소라를 귀에 대고 바다의 소리 듣네
모래알 부서져라 밤마다 파도 치면
저 너머 작은집 뒤란 카네이션 붉다네

씨도둑질 / 이윤순 16.01.11. 11:48

네 모양 내 모양이 많이도 닮았다고
모두들 입을 모아 말들을 하는구나
피붙이 못 속이겠네 씨 도둑질 못 한다지

늙기 서럽다 / 김윤득 16.01.11. 12:38

지난날 좋은 기억 연잎에 묻어두고
가는 길 물었더니 이 길로 가라하네
늙으려 가는 길목에 바람마저 멈추네

그대 이름 임진이 / 한지영 16.01.11. 16:10

네 이름 불러보네 가슴에 뿌리내려
옹이로 박혀버린 그리운 그대이름
성은임 이름은 진이 오늘도 불러보네

이쁜 마음 이쁜 생각 / 임진이 16.01.11. 16:55

네 사정 내 안다만 오늘도 종종걸음
와중에 내 이름을 부르니 감사하오
예쁜이 한지영 샘은 마음 또한 이뻐라

형제가 귀한 세상 / 이윤순 16.01.11. 17:07

네 고향 따로 없고 내 고향 따로 없네
어디에 살더라도 정두기 나름이지
이제는 다 어우러져 형제같이 살아야해

짝사랑 / 한지영 16.01.11. 20:03

해지고 밤이오니 선생님 그립구려
시조방 드나들며 정분이 날로 깊어
이러다 퐁당 빠지면 어찌해야 옳겠소

깊은 정 끈끈한 정 / 이윤순 16.01.12. 10:06

소소한 정분으로 깊은정 만들어져
나날이 쌓여지면 끈끈한 정 되지요
각박한 세상속에서 정 나누는 우리님들

서리 내린 길 / 김윤득 16.01.12. 12:05

들녘에 서리 오면 새 하얀 이불 호청
살며시 걸어가면 발자국 찍히지요
햇새벽 아침햇살이 마중 오면 떠나요

요강 / 한지영 16.01.12. 19:07

요강은 윗목에서 소임을 다했었지
한 방에 엄마 아빠 동생과 같이 자며
쉬 마려 요강 찾아 어두운 방 헤매던 때

한복 입은 초등학생 / 이윤순 16.01.12. 21:56

때묻은 소매끝이 코묻어 반질반질
옛날엔 초등생도 한복을 입었다오
책보는 허리에메고 이십리길 다녔지

철들다 / 김윤득 16.01.13. 13:16

지난날 살아온 길 생각에 마누라가
가슴에 제일 많이 고생한 것 같았어
올부터 더욱 사랑해 더 사랑해 해야지

성품 / 한지영 16.01.13. 19:19

지순한 고운 심성 예까지 풍기네예
언제나 사랑으로 보듬고 사 옵소예
사랑은 주는 거라고 모두가 그러하데예

대구 경북 사투리 / 이윤순 16.01.14. 07:31

예 자를 붙이는 건 대구경북 사투린데
혹시나 지영 샘도 고향이 이 쪽인지요
그래예 저래예 하며 예자로 잘 하셔요

질긴 목숨 / 오계아 16.01.14. 17:39

요즘 전 감기 때문 죽는가 했었는데
무엇에 쓰시려고 질긴 목숨 살리는지
떠나도 쉽지 않은데 저승길이 막혀서

충분히 자격되세요 / 이윤순 16.01.14. 18:05

서글픈 그런 마음 생각지 마옵소서
선생님 께서는요 많은 이의 모델이지요
충분히 자격되시니 괜한 말씀 마십시오

사는 맛 / 오계아 16.01.14. 18:15

오~ 벗님 고맙네요 좋은 말씀 주셔서
이래서 사는 맛이 문학에 있나봐요
만약에 글벗 없으면 무슨 맛으로 살까요

참 좋은 생각 / 한지영 16.01.14. 19:57

요르콤 좋은데요 그렇죠 선생님요
언제나 좋은 생각 참 좋은 생각으로
하루를 살다 보면은 날마다 행복하리오

윤선도 오우가 / 이윤순 16.01.14. 21:46

오우가는 윤선도 선생님의 시조지요
수석과 송죽하고 동산에 떠오른 달
보길도 터 잡으시고 다섯 벗과 지내셨지

짝사랑 / 이윤순 16.01.15. 07:34

네 귀를 즐거웁게 노래를 불러주네
네 맘에 빗장을 열도록 기다리며
언제나 해바라기로 살아가리 흐린 날도

Show me the money / 박찬모 16.01.15. 16:50

도무지 알 수 없는 아이들의 랩소리를
가사를 볼라치면 꽤 괜찮은 내용 있네
모른다 외면만 말고 들으면서 세대 극복

해장국 / 박찬모 16.01.15. 16:58

복지리 시원한 국물 생각이 간절해요.
밤새워 마신 술이 해장국을 원하지만
마누라 너무 무서워 끓여 달라 못해요.

너그러운 마음 / 한지영 16.01.15. 19:32

요새는 어찌 하야 그런지 모르것샴
어차피 길지 않은 인생사 너그러이
보듬고 살아가면은 보살 중에 보살요

잔치국수 / 김태연 16.01.15. 21:37

다시마 멸치육수 구수한 잔치국수
별미로 알고 먹던 시골집 여름방학
아직도 지울 수 없는 할머니표 사랑국수

수제비도 고급 / 이윤순 16.01.15. 22:19

수제비 생각하면 찰수제비 제일 좋아
하기야 밀수제비도 쫄깃해서 일미지요
그 옛날 보릿고개 시절 수제비도 고급음식

식도락이 꿈인 여자 / 김근숙 16.01.16. 00:47

식도락 희망사항 전국의 맛집 찾아
마음에 맞는 친구 몇 명과 떠나고파
현실은 내 발 붙드니 자유부인 부럽다

적당한 게 제일 좋아 / 이윤순 16.01.16. 08:37

다 갖추고 사는 사람 부러워 마옵소서
사랑 물질 시간도 적당한 게 제일 좋아
구속도 적당한 구속은 자존감이 올라가

고얀 마음 / 한지영 16.01.16. 19:53

가만히 생각하면 옳으신 말씀인데
맘이란 고얀 놈이 길에서 주야장창
헤매이니 이 노릇을 어찌 하면 좋겠오

오동낭캐 걸린 몸 / 이윤순 16.01.16. 22:16

오동낭캐 걸린 몸
주말엔 나의 세상
오늘도 계모임
내일은 동창모임
주말만
자유의 몸되니 이내 몸도 비싼 몸

이런 나를 / 한지영 16.01.17. 11:31

그 몸은 자유구려 이 몸도 자유고파
머리 짜 궁리해도 일상을 탈피 못해
한심한 내가 나인 걸, 이런 나를 어째유

눈 쌓인 고향집 생각 / 임진이 16.01.17. 20:07

유유히 떠다니는 저 하늘 구름들아
고향집 뜨락에는 흰 눈이 쌓였느냐
어릴 적 고향 뜨락엔 눈이 많이 왔었지

그리운 나무 / 김태연 16.01.17. 21:11

지금은 베고 없는 대문 밖 꺽다리야
동구 밖 발길까지 살피던 키다리야
고운 정 어찌하라고 숨바꼭질 하려느냐

별난 사랑 / 이윤순 16.01.17. 23:05

냐옹녀와 냐옹남이 사랑을 하는가베
사랑도 별난 사랑 동네가 시끄러워
너거만 사랑하느냐 대충하고 말아라

백수 / 김무늬 16.01.18. 11:11

라조기 먹고 싶어 중식당 찾아갔네
메뉴판 뒤져보니 탕수육 눈빛 꽂네
가벼운 호주머니에 군침만 꼴깍댔네

소망 / 김윤득 16.01.19. 17:46

네 가슴 내 가슴에 희망꽃 얹어주고
이 나라 국민들의 가슴에 메시지를
보내어 훌륭한 사람 되었으면 하는 맘

현명함 / 임진이 16.01.19. 19:00

맘속에 있는 말을 어떻게 다 하리오
적당히 타협하며 사는 게 상책이지
현명한 처세라는 게 그리 쉽진 않군요

우리 카페 놀러 오소 / 이윤순 16.01.19. 19:29

요렇듯 실력파인 선생님 다 모이니
스토리 문학 카페 나날이 발전하지
전국에 문우님들이여 우리 카페 놀러 오소

나의 반쪽이 / 박성환 16.01.20. 12:27

소중한 내 사람아 소중한 내 사랑아
당신이 옆에 있어 오늘도 힘이 나요
힘들어 처진 어깨도 당신 있어 웃지요

웃는 얼굴 / 한지영 16.01.20. 13:23

요렇게 살아가는 인생사 행복이요
그렇게 다정하게 사시는 문우님요
깨소금 웃는 모습이 여기까지 보여요

취소된 겨울 산행 / 임진이 16.01.20. 14:56

요란한 冬장군이 기세를 떨치느라
험한 산 입산금지 설악산 산행 취소
북새통 토왕성폭포 겨울잠을 자겠네

행복 / 이윤순 16.01.20. 14:58

요 집도 행복하고 저 집도 행복하세
가정이 행복해야 사회도 행복하고
나라도 행복하지요 방방곡곡 웃는 소리

심산유곡(深山幽谷) / 윤 정 16.01.20. 16:35

이런들 어떠하리 저런들 어떠하리
선현의 지혜로운 말씀을 새겨들어
시조의 정형미학에 빠져드는 골짜기

인간을 포기한 인간 / 이윤순 16.01.20. 19:52

기막힌 저 사연을 어떡하면 좋을까요
산짐승 해치는 일도 끔찍한 일이구만
어이해 저의 핏줄을 그리 쉽게 해치나

위장(僞裝) / 박성환 16.01.21. 16:10

나름의 핑계꺼리 포장한 거짓 얘기
주저리 완벽하게 단단히 포장해도
떨리는 네 눈동자에 맨 속살이 보이고

시의 웃음 / 오계아 16.01.21. 17:12

고달픈 인생살이 넘고 넘는 벼랑의
삭아가는 억새꽃 흩날리는 동산에
파랗게 싹트는 시들 싱글벙글 웃음이

대한추위 / 김태연 16.01.21. 18:26

이렇게 추운 날을 어떻게 견뎌낼까
소한이 찾아갔다 죽었단 대한이가
버젓이 살아남아서 자라목을 즐기네

붉도다 / 임진이 16.01.22. 06:21

네 자랑 그리 마라 백일홍 붉다 해도
된서리 찬바람에 어이타 붉을 소냐
詩사랑 일편단심은 붉디붉어 곱구나

나는야 가고 있네 / 이윤순 16.01.22. 07:43

나는야 가고 있네 세월과 행동해서
좋은 친구 벗하여 즐겁게 가고 있네
내일을 모르는 생이지만 나는 가네 끝을 향해

공허 / 박성환 16.01.22. 11:49

해 뜨는 밝은 아침 기다린 해바라기
달뜨는 까만 밤을 기다린 달맞이꽃
임 떠난 내 하늘 밑엔 기다림은 없더라

그런 날 또 오겠지 / 이윤순 16.01.22. 16:03

라일락 꽃향기가 온 동네 흩날리는
훈풍이 그립구나 혹한에 엄동 맞아
자연은 거짓이 없으니 그런 날 또 오겠지

잊혀져가는 지불싸움 / 김태연 16.01.30. 20:35

지금은 볼 수 없는 대보름 쥐불놀이
논두렁 해충잡고 풍년가 불렀지만
산불로 재해당할까 추억 속에 묻혀지네

갓바위 부처님 / 이윤순 16.01.31. 07:54

네 이름 거룩해서 우러러 바라보며
팔 무릎 땅에 대고 엎드려 기도해도
눈길도 한 번 안주는 약사여래 부처님

태도 / 윤 정 16.01.31. 15:53

님 향한 일편단심 가실 줄이 있으랴
고시조 종장에서 배우는 지조의 멋
하나의 태양과 하늘 글쓰기의 일관성

돌이킬 수 없는 선택 / 김태연 16.01.31. 20:41

성공률 불확실한 불성실 성형외과
사고율 급증하니 분쟁은 빈번하고
무너진 의료진 신뢰 어찌어찌 회복할까

생긴 대로 살란다 / 이윤순 16.01.31. 22:44

까짓 거 내사 마 생긴 대로 살란다
나빤데기 참하다고 여자냐 맘이 고와야지
호박에 줄긋는다고 맛난 수박 되것냐

말투 /한지영 16.02.01. 11:39

냐? 라고 말끝마다 냐? 타령 듣는 것도
한두 번 그 아지매 말투는 이상도 해
그래도 자꾸 들으니 습관인 것을 이해해

참 좋은 날 / 윤 정 16.02.01. 15:15

해사한 웃음마저 동장군께 바쳤더니
돌부처 돌아앉듯 한 줌 햇살 비추이네
낼 모레 입춘이 들면 달래꽃도 피겠지

봄이야요 / 한지영 16.02.01. 17:52

지금이 봄이야요 우리 집 꽃님들은
웃음이 빵긋빵긋 자랑이 늘어졌소
그네들 몸짓에 끌려 두꺼운 옷 벗었소

봄 캐러 가려오 / 김태연 16.02.01. 19:13

소쿠리 챙겨들고 쑥캐러 가려하오
텃밭에 지천이던 냉이랑 민들레는
소담한 푸성귀들과 겉절이로 버무리고

고우신 우리님들 / 이윤순 16.02.01. 21:19

고우신 우리 님들 너무들 잘 하시네
끝말이 쉴 새 없이 앞말 돼 이어지네
열심히 동참하시는 우리 샘들 존경해

후회 / 한지영 16.02.01. 21:40

해보고 후회해요 해보고 후회하면
안하고 후회보단 훨씬 더 영양가가
있데요 자 어디 보자 뭘 해보고 후회해?

해맞이 / 김태연 16.02.01. 22:24

해맞이 가려거든 속초로 가려무나
아니면 경포대로 일찍이 가려느냐
차라리 뒷동산에서 신년맞이 하려무나

새해맞이 / 이윤순 16.02.02. 08:59

나 홀로 찾아갔네 동해에 새해맞이
소원을 빌기 전에 동태될 뻔 했었다네
바다가 고향인줄 알고 뛰어들 뻔 했다오

설날을 기다림 / 김태연 16.02.02. 19:53

오늘밤 자고나면 몇 밤 뒤 구정일까
색동옷 곱게 입고 널뛰던 그 시절이
영원한 추억 속으로 멀어져만 가는 구려

불가능은 절대 없다 / 이윤순 16.02.02. 23:54

려 자를 어떻게든 이으란 명령이니
분부를 받자와서 거행토록 하겠나이다
안 되면 되게 하리라 불가능은 절대 없다

무심천의 딸 / 윤 정 16.02.03. 19:07

다정한 언니로서 동생을 챙기라고
큰언니 닉네임을 다정이라 지었는데
다정은 어디로 갔나 무심천을 건넜지

해도 너무해 / 이윤순 16.02.04. 13:59

지은 죄 어쩌려고 얼마나 잘살려고
낳지를 말 것이지 비정한 부모들아
그렇게 행동하고서 편히 살길 바랐을까
자식이 낳아 달라 부탁을 했단말가
저 좋아 낳아놓고 제 맘대로 없애고
짐승도 새끼 보호하는데 이건 완전 쓰레기

엄마 / 윤 정 16.02.04. 15:07

기억의 저 편에서 아득한 영상 하나
꿈인 듯 생시인 듯 떠오르는 옅은 미소
아가야 수고 많았지 너도 이제 엄마야

그때 그 아이 / 한지영 16.02.04. 22:00

야물고 착한 아이 예전에 같이했던
그 아이 어디에서 어떻게 지낼까나
갑자기 찾아온 아이 가슴속을 메우네

수평선에서 / 김윤득 16.02.05. 17:37

네 모습 그리울 때 지난날 같이 갔던
그곳에 나도 몰래 다가가 우두커니
수평선 바라보면서 그대 이름 그리네

보디빌더와 세모녀의 사랑 / 윤 정 16.02.17. 13:38

네모가 세모에게 씌워 준 사각모자
세모가 네모에게 보답하는 역삼각형
진심을 주 받아서 몸짱이 된 네모군

입맛이 있어야 돼 / 이윤순 16.02.17. 16:32

군침을 삼키면서 뷔페집 들어서서
접시 들고 이리저리 살피며 다녀봐도
입맛이 있어야 되지 밥맛으론 부족해

속잎 다 자라면 가는 게 세상 이치 / 이윤순 16.02.29. 06:22

해거름 골목길에 고물 줍는 할아버지
버림받은 세상 고물 손수레에 수북한데
인 고물 재활용 안 돼 경로당에 모였구나

만물 중에 으뜸으로 만물을 지배하며
영장으로 살았으면 영장답게 가야는데
어이해 우리 인간은 가는 순서 모르는가

청산별곡 / 노지윤 16.02.29. 08:24

남한강 맑은 물에 노 젓는 뱃사공아
청명한 저 하늘에 흰 구름도 떠가네
맑은 물 입가심하며 송사리떼 한가롭다

가신님 어이되어 그리워 울고 있나
청산에 임은 없어도 마음속에 품은 임
영산홍 붉은 꽃잎이 내 가슴속에 피었네

네 속에 나 있다더니 / 한지영 16.02.29. 10:26

네 속에 나 있다던 그님은 어디가고
설경에 그대 품은 쓸쓸한 이내 마음
햇살에 설경도 녹아 소리 없이 가겠지

소꿉친구 / 이윤순 16.02.29. 21:49

지금은
어느 곳

어느 하늘 밑에서
아름다운
꿈 펼치며
살아가고 있는지
흘러간
옛 추억 속에 멈춰있는 그 모습

봄나물 / 노지윤 16.03.01. 17:51

습지에 돌미나리 수북이 새싹 돋네
따뜻한 봄 햇살에 아낙들 나물 캔다
텃밭에 푸른 봄동이 노란속살 드려낸다

청주 / 윤 정 16.03.01. 21:15

다슬기 올갱이로
음식이 달라지고

다정한 언니에서
시누이로 옮겨가니

여기는 맑은 고을, 청주
한정식 유명한 곳

달달한 상주 곶감 / 김태연 16.03.01. 21:21

곶감이 지천인 곳 경상도 상주고을
해마다 반건시로 택배가 오는 구려
달콤한 곶감꾸러미 바라보며 미소 가득

세월이 흐르면 / 한지영 16.03.01. 21:44

득도를 하셨구려 글마다 옹골차요
세월이 약이라고 말들을 하네요만
이 몸도 세월 흐르면 완성도가 높을까

입맛 / 노지윤 16.03.01. 22:54

깔깔한 입맛으로 먹기는 해야겠다
입안에 쓴맛 돌고 모래알 씹는 것이
죽기야 하겠냐마는 늙어서는 밥이 보약

텃밭가꾸기로 해결하세 / 김태연 16.03.02. 04:02

약보다 좋은 것이 삼 세끼 챙겨먹는
우리네 신토불이 한식만 하오리까
무공해 유기농식단 우리 건강 지켜주지

아는 것이 힘 / 이윤순 16.03.02. 14:43

지겨운
노년을
살고 있는 사람들아
나이 자랑
그만하고
배움에 힘을 쓰자
배우면
내꺼 되는 것 아는 것이 힘이라

아버지의 이마 / 박성환 16.03.02. 17:00

라면 발
서너 개가
불어서 굵어진 골

땀방울
골에 걸려
쉼표로 매달리면

비치면
슬퍼할까 봐
옷소매에 숨기고

군고구마 / 박성환 16.03.09. 20:42

고구마 연한 겉옷
화로에 묻어두면

속살이 다칠세라
갑옷을 갈아입네

손발이 잘려나가도
뜨거운 건 알아요

요리 / 윤 정 16.03.14. 14:23

채소를 요리조리 다듬어
샐러드에

고기를 요리조리 굽고 지져
주물팬에

인생을
맛있는 요리하듯
사랑하라
뜨겁게

샌드위치 시집 / 이윤순 16.03.14. 15:53

게으름 피고 싶어 이불속에 누워 봐도
마음이 편치 않아 용기 내 일어난다
칠십에 시집살이가 끝 안 나면 언제 나노

노파심 / 최병규 16.03.14. 16:54

노인이 되고나면 마음이 바다 같아
어떠한 말씀에도 이해를 할 줄 알지
실제론 그 반대라서 당황하게 되는 건줘

며느리밥풀꽃의 비밀 / 윤 정 16.03.14. 20:58

쥐며느리 납셨다 소머리 국밥집에
수육에 한 잔 하고 불평불만 터뜨리니
그려유 고생많았쥬 그러려니 하셔유

미래 개그맨 천안의 유재석 / 김태연 16.03.15. 00:01

유재석 흉내 내던 홍수민 개그 땜에
홍수민 아버지의 개그진 욕설 땜에
빵 터진 개그 7인방 무색하단 표현들만

다둥이 엄마 / 박성환 16.03.24. 22:30

만만치 않다지요
연년생 키우기가

쌍둥이 키우기도
힘들어 지치는데

삼둥이 옆집 새댁은
더 벅차고 고될 거야

질서 / 윤 정 16.03.25. 09:23

야자 하며 반말 쓰고 격의 없이 친하다가
이목이 두려워서 어쩌실까 요즘 세상…
부모는 친구가 아니라 나를 주신 창조주

자신부터 믿어라 / 박성환 16.03.25. 13:06

주님을 믿으시오
부처를 믿으시오

믿어야 천국 가오
믿음을 가지시오

나약한 사람일수록
믿는 마음 강하지

봄나물 캐러가자 / 김태연 16.04.01. 23:57

지금이 바로 그때 어제도 캐왔다우
냉이랑 씀바귀랑 달래랑 민들레랑
오늘은 지인들 모여 풀밭에서 놀았다우

웃으면 복이와 / 이윤순 16.04.02. 08:11

우스운 우리 애기 우스갯소리 많이 하며
입가에 웃음꽃을 붙들어 달아놓고
웃으면 복이 온다니 같은 값에 웃고 살자

인연 / 오계아 16.04.05. 23:11

자랑스런 윤순님 마침 나오셨군요
살아도 동반자요 죽어도 동반자로
수 천리 멀리 있지만 전생 인연 같네요

다이어트 / 이윤순 16.04.07. 00:48

요요현상 일어나서 다이어트 힘들지요
서서히 살을 빼야 성공을 한답니다
살과의 전쟁 중에는 독한 마음 필요해

행여나 오실까 / 이윤순 16.04.08. 05:58

해지고 어두워도 아무도 오지않네
우리 카페 단골손님 꽃놀이 가셨나요
행여나 오실까 하여 문 앞에서 기다려요

모두가 장원 / 김태연 16.04.23. 00:46

요렇게 열심히들 좋은 글 써올리니
스토리 문학카페 회원님 열정 최고
이렇게 나가다가는 회원 모두 장원일 걸

바쁜 나날 / 한지영 16.05.03. 21:14

걸상에 마음 놓고 엉덩이 부쳐 본때
가만히 생각하니 학생 때 뿐이었네
나날이 일 터전에서 종종이며 다니네

고시생 / 이윤순 16.05.08. 06:35

네모진 좁은 방에 자나 깨나 책과 시름
공간은 좁지마는 큰 꿈을 안고 사네
새우잠 자겠지마는 꿈은 활짝 편 꿈 꾸소

솥 적다고 외치는 풍년새 / 김태연 16.05.08. 21:48

소쩍새 우는 마을 양서면 신원마을
부용산 자락에서 소쩍새 울음소리
어릴 적 고향생각에 잠 못 이룬 어린이날

2016. 5. 6. / 이윤순 16.05.08. 22:22

날마다 오늘처럼 즐거우면 좋겠네
어른 아이 할 것 없이 모두 다 기분좋네
우리는 사대가족이라 정부포상 받았어요

요절夭折) 요절腰折 / 윤 정 16.05.09. 17:46

요절한 시인들이 헤아린 별의 세상,

하나에
담은 눈물
둘에 새긴
생의 고락

셋까지 살피다 보니 허리가 굽었구나

길거리 주차장 / 김태연 16.05.09. 22:34

나들이 떠나는 길 심히도 복잡구나
그제는 어린이날 내일은 어버이날
연휴로 길을 나서니 거북이가 따로 없군

경찰의 고마움 / 오계아 16.05.10. 09:29

군병들 방범 덕에 맘 놓고 살면서도
고마운 줄 모르는 멍텅구리 가는 길
해님은 가엽게 보고 빛을 까라 주셔서

궁금증 / 이윤순 16.05.10. 13:28

서울시 은평구
녹번동 오피스텔
오백일호 스토리 문학사 샴실 앞에도
지금쯤
봄비 추적추적
내리고 있을까?

김순진
교수님과
전하라
편집장님
우산 들고 황급히
점심해결 가실까
아니면
사무실에서 짜장면을 시켰을까?

빕니다 출판기념회 / 이윤순 16.06.15. 19:04

까르르 웃고 즐길 태연 쌤 생각하니
입가에 미소가 붙어서 머물고 있네
빌어요 출판 기념회 재미있게 끝나길

길상사 계곡 찾아 / 김태연 16.07.31. 21:33

길상사 가본 지가 이년쯤 된 것 같아
여름이 지나거든 가볼까 싶소이다
평교원 가을학기에 가려는지 혹시 몰라

날씨, 밤새 안녕 / 이윤순 16.08.30. 16:14

라랄라 콧노래가 절로나네 시원해서
밤새 안녕 이란 말 실감나는 요즘 날씨
자연의 조화 앞에서 작아지는 우리 인간

궁금한 검사 내용 / 김방주 16.08.31. 10:36

간에서 시작인지 위에서 잘못인지
생긴 것 어찌하오 검사는 해야지요
그렇게 지내다보면 남은 삶이 쓸쓸해

안쓰러워 / 김방주 16.09.06. 07:04

해서는 안되는 말 쏟아낸 힘든 그녀
오늘도 옆자리에 누군가 앉아주나
왼쪽과 오른쪽으로 살펴보느라 힘드네

님들 발 길 그리워라 / 이윤순 16.10.15. 21:55

네집 내집 할 것 없이 모두들 바쁜가베
오랜만에 들러보니 님들 발 길 뜸 하네요
올가을 풍년 가을에 타작하러 가셨나

조각배 / 김태연 16.10.15. 23:41

나선형 조각배가 물살을 가르더니
수평선 저만치로 자취를 감추었네
아직은 서툰 솜씨라 올 때까지 두근두근

바보 · 2 / 박성환 16.10.17. 22:25

근처만 빙빙 도는 어지럼 사랑 고백
바쁘게 날아오른 임 향한 날갯짓은
땅거미 내려앉아도 하늘 위만 뱅뱅뱅

언덕길 내려가는 동그란 빠른 걸음
당신께 다가서니 네모난 걸음 되어
더듬이 곧추세워도 더듬더듬 제자리

관솔에 불붙어서 나섰던 빨간 마음
마주친 눈동자에 하얗게 꺼지려다
볼때기 불씨 살아나 화끈화끈 콩다콩

콩서리 / 김태연 16.10.17. 23:41

콩서리 생각나는 늦가을 풋콩가지
추수를 앞둔계절 마음만 설레이네
길가에 쭈그려앉아 마주보던 검뎅이칠

忍 / 박성환 16.10.18. 12:57

칠성검
날 세우니
마음도 날 세우네

마음이
풀어지니
칼날도 녹이 스네

참으면
무뎌진단다
날 선 칼도 마음도

가을 산 / 김무늬 16.10.18. 21:13

도도한 여름날은 제 기력 다하고서
가을에 봇짐주니 취한 듯 휘청대고
나그네 가는 산길에 친구하자 조르네

신호등 / 김무늬 16.12.04. 14:29

네거리 신호등은 참으로 친절하지
파란불 빨간불만 있어도 되는 것을
노란불 미리 켜주어 다음 신호 부르지

1916 성탄 즈음 / 박찬모 16.12.24. 23:20

지금은
시련조차
감사로 받을 시간

광화문 촛불 행진
내일을 기약한다

주꺼서
오신 이날에
빛의 의미를 새기네

빛을 기리며 / 오계아 16.12.25. 14:09

내려놓으려 하여도 못 놓는 욕심보가
독서하는 도중에 스스로 삭아내린
오늘의 암울한 방에 빛이 언제 오실까

고속 세월 / 이윤순 16.12.25. 23:02

까치 설날
노래하며 철없이 어릴 적엔
손꼽아
기다려도 느리던 그 세월이
나이를
먹어갈 수록 자꾸자꾸 빨라져유

겨울잠 대신에 독서하며 지내요 / 윤 정 16.12.26. 18:17

유자청 레몬청을 겨우내 준비하듯
시집을 몇 권 골라 택배로 부칩니다
잘 있죠 안부를 물으며 나뭇잎 편지 써서…

어차피 가는 세월 / 박성환 16.12.27. 16:50

서운해
하지 마오
억울해
하지 마오

누구도
잡지 못한
흘러갈
세월인데

소주잔
앞에 놓고서
한숨짓지 마시게

일복도 복은 복이지 / 이윤순 16.12.27. 19:15

게으름
피워 봐도 늦장을 부려 봐도
도와줄
사람 없고 내 손이 내 딸이라
복 중에
일복을 받았으니 쓸 만하단 증거겠지

술 장군 / 박성환 16.12.28. 13:51

지구가 뱅뱅 돌고
전봇대 달려들면

마음이 장군인데
무엇이 무서우랴

밤하늘 이불로 덮고
편히 쉬는 코골이

인간이기에 낭만이 있지 / 이윤순 16.12.29. 19:24

이태백
김삿갓이 즐기던 시와 술은
수많은
세월이 흘러흘러 왔건마는
지금도
매력이 있어 빠진 사람 참 많아

소용돌이 속에서 / 오계아 16.12.30. 02:15

아침이 오는데도 세상은 밤중일세
큰집의 어른들이 부르짖는 저 함성
그 험한 소용돌이를 어찌 건너 넘을까

가슴앓이 병신년 / 이윤순 16.12.30. 07:46

까마귀
누구이며 백조는 누구인가
풍파를
만난 저 배 선장은 누구인고
선장이
너무 많아서 산에 갈까 두려워

올해는
이천십육 태세가 병신이라
온 백성
병든 맘에 명약이 무엇인고
병신년
어서 보내고 갈아보자 정유년에

한국스토리문인협회 카페 2017년

시조로끝말잇기방 시조

워드의 발길 / 오계아 17.01.01. 00:34

워드로 하는 말은 발길이 더욱 빨라
순간에 온 세상을 걸림 없 돌지만
듣는 이 마음에 따라 빛도 되고 똥도 되고

옛날과자 / 윤 정 17.01.03. 07:30

고드름 과자처럼 똑 따서 먹었나요
잘 몰라요. 호호호 이야기만 들었죠
겨우내 주전부리 종류, 고구마 아닌가요

마음이 추워서 / 김무늬 17.01.04. 17:26

자고로 겨울날은 추워야 제 맛이고
여름은 화염처럼 뜨거워야 제 맛인데
마음이 시려운 건지 찬바람은 시려워

빼딱선 타지 말고 바로 서 주세요 제발 / 이윤순 17.01.05. 15:05

워낙에
재미없는 정유년 새해네요
가정 사회
다 편하면 나라도 편한 법인데
어이해
정유년 새해는 이다지도 어지럽나

감격 중에 / 오계아 17.01.06. 07:59

나이를 먹을수록 귀하게 생각되는
책 읽기 글쓰기를 벗하고 노는 황혼
스토리 문학공원의 고마움에 감격이

환생할 수 있다면 / 윤 정 17.01.09. 16:10

이 몸이 살아서는 여자로 살았다네
죽어서 다시 살면 나무로 태어날게
비로소 우리들의 사랑 지상에서 이루게

팔은 안으로 굽어 / 이윤순 17.01.10. 06:34

게는 가재 편인 거 세상이 다 알지요
그러면 어머니는 누구 편이든가요
아무리 못나 빠져도 어머니는 자식 편

마음의 기도 / 오계아 17.01.10. 09:43

편증도 하지 말고 오해도 하지 말며
바르고 공명하게 사는 세상 되시길
손 모아 마음속으로 빌고 빌고 빕니다

새해 각오 / 김무늬 17.01.10. 11:05

다시 또 마음다져 새해를 맞이하니
오래전 꿈을 향해 전력을 다하여
오늘도 주어진 일에 마음모아 즐기자

나부터 모범을 보이자 / 이윤순 17.01.11. 22:48

자신의
앞만 보며 열심히 살다보면
자연히
좋은 세상 만나게 되겠지요
나 먼저
솔선수범해 좋은 사회 만들자

꿈은 언제나 내 곁에 / 김무늬 17.01.15. 14:22

자신이 가야할 길 자신이 구축하여
한 걸음 또 한 걸음 초석을 다져보다
먼 훗날 되돌아보면 흐뭇하게 웃겠지

겨울 소나무 / 문모근 17.01.16. 09:43

차가운 바람 시려 눈 흘기는 소나무
하얀색 모피 담요 한 바퀴 돌려쓰고
봄이면 다시 만나 그 시절 얘기할지

두고 봐야 알 일 / 오계아 17.01.16. 21:41

지금에 나타나는 부정부패 비리들
도려내는 작업이 진행되고 있지만
어떻게 마무리 될 지 두고 봐야 알겠네

네네네 / 윤 정 17.01.23. 13:35

네네네 답하는 게 며느리 정답이지
네네네 선수 같네 애들이 엄마를 놀려
네네네 그 대답 대신에 알겠어요 했더라

봄을 기다리며 / 김무늬 17.01.23. 22:01

라디오 음악소리 단잠을 깨우더니
디제이 재치있는 유머가 행복하네
지루한 오후의 햇살 나의 등을 덥히네

스마트 폰 / 이윤순 17.01.24. 06:52

네모 판 노리개가 얼마나 똑똑한지
무엇을 물어 봐도 척척척 알려주네
세상에 우째 이런 일이, 귀신이 곡 할 일

손난로가 그리운 날 / 김무늬 17.01.27. 10:47

일일이 챙겨줘도 가끔은 빠뜨리는
그대의 온 가슴이 오늘은 그리웁네
잔설은 쌓여가는 데 오지 않는 그리움

자정에 부르는 노래 / 오계아 17.01.27. 23:24

움트는 매실 꽃이 송알송알 귀여운
정원에 부는 바람 한아름 안고 와서
시조에 동여 묶으며 노래하는 이 자정

고향 사랑 / 이윤순 17.01.28. 21:33

정든 고향 찾아 가네 고달픔 무릎쓰고
밤새워 달려가네 부모 형제 만나러
평소엔 잊고 살지만 명절되면 꼭 찾지

초심이 곧 열심으로 맺기를 / 윤 정 17.01.31. 09:30

지금부터 20개씩 덧글 댓글 답시다
출퇴근 시작과 끝 카페에서 합시다
새해의 작심삼일로 끝내지 마십시다

희망의 노래 / 김무늬 17.01.31. 10:08

다람쥐 쳇바퀴도 돌다가 돌다보면
그 자리 싹도 나고 나무도 자라 자라
희망의 줄기 엮이어 먹은 마음 꽃 피우리

돌고 도는 세상 / 김정순 17.01.31. 14:45

자식의 도리로써 할일을 했다 하나
이 어찌 부모 마음 다 안다 할 것이요
이제는 나이 들어서 알고 보니 허망뿐

시조잇기의 요령 / 윤 정 17.01.31. 19:50

뿐이고
소리 높여 성인가요 부른다

이래도 될 뿐이고
저래도 될 뿐이다

종장의 첫3음절만큼은 지켜야 할 뿐이고

시조는 운율 / 김순진 17.02.01. 14:20

고로 시조란 자수 맞추기 보다도
삼장 육구 열두 절에 운율이 중요하다
나무를 나무로 보지 말고 구름으로 보며

예나 지금이나 개행복한[4] 명절 / 윤 정 17.02.02. 12:07

며느리 다녀가고 시어머니 화병 난다
맞춤 음식 내놓고 애견 카페 놀러가네
그 옛날 누렁이도 호강하던, 신풍속도 그러하니…

소망 / 오계아 17.02.03. 00:09

니나노 난실로 어느 세상 돌아갈까
지금에 내갈 곳은 저 세상 뿐이지만
그래도 글 쓸 소망을 버리지를 못하고

야시를 피하면 범 만난다 / 이윤순 17.02.04. 22:36

고생도 젊어서는 돈 주고도 산다 하며
힘든 고비 좌절 않고 앞만 보고 살았건만
여우를 피하려 하니 호랑이가 나타났군

---

4) '정말 행복하다'라는 뜻의 속어

지금 알고 있는 전부 / 김정순 17.02.05. 15:44

군수라는 해물을 먹어 본 사람 있나
바닷가 사람들만 안다는 쫄깃한 맛
먹어본 사람만 알지 세상살이도 그렇다네

까칠한 성격 / 이윤순 17.02.05. 21:11

네모 난
건물에다 네모 난 방안에서
네모 난
책상에서 네모난 책을 보고
네모 난
전화기에서 모난 성격 태어난다

어느덧 / 김무늬 17.02.06. 10:20

다시금 새 달력을 한 장을 뜯습니다
짧기만 하는 이월 구정까지 보냅니다
대보름 지나고 나면 꽃피는 춘삼월입니다

입춘이 당도 하니 / 이윤순 17.02.06. 12:46

다 지난
겨울인가 다가온 봄날인가
입춘이
뒷짐 지고 문턱을 들어서니
한바탕
꽃샘추위로 밀당해야 결판나지

새로 부치는 매화 편지 / 서영석 17.02.06. 18:41

목 놓아 지워버린 시간을 부치노라
사그라져 스러진 매화의 눈발 따라
눈시울 붉게 적시며 먼저 간 친구에게

내 편은 어디에 / 이윤순 17.02.06. 19:12

게는 가재 편이고 가재는 게 편이고
신랑은 남 편이라 각씨만 편이 없네
한 평생 한솥밥 먹었지만 여전하게 남의 편

남과 님의 사이에는 ·이 있다 /윤 정 17.02.07. 00:01

편 먹고 편 가르면 내 편도 남 편 될 일,

남편이 남 편이라도
그의 님을 청했으니

님인데 오점 찍어서 남남되지 않기를

모로 가도 한양만 가면 돼 / 이윤순 17.02.07. 15:50

믈자로
시작되는 낱말을 못 찾으니
이렇게
스리슬적 넘어가 볼랍니다
어디로
가든지 간에 서울 가면 되는 걸

부족함이 아름다워라 / 서영석 17.02.07. 21:03

걸식으로 세상을 유랑하던 그 사람
시 하나는 멋지고 향기롭게 썼으니
예술은 배고픔 속에 피는 꽃, 선인장 꽃

미리 보는 봄의 얼굴 / 윤 정 17.02.08. 00:20

꽃이라는 단어는
가슴 뛰는 한 음절

꽃이 핀다 문장은
가슴 여는 첫 구절

꽃이여
감탄의 언어로
기다린 너의 계절

꽃과 잎이 다시 왔다 하지만 / 이윤순 17.02.08. 12:23

절기는
어김없이 때맞춰 찾아오니
꽃 피고
잎 피어서 대지를 뒤덮지만
작년에
그 꽃 그 잎은 찾아볼 수 없어라

외국산 밀가루보다 우리 쌀 먹어요 / 이윤순 17.02.10. 11:17

라면도 맛이 있고 우동도 맛나지만
농민을 생각해서 쌀밥을 먹어야 돼
우리 쌀 많이 안 먹으면 농민들이 힘들어

거 ㅡ 로 이어야 해서 / 윤 정 17.02.10. 13:22

요거트 요구르트 쌀과자 찹쌀유과
이런 거 맛있구요 밥맛도 최고구요
여하튼 신토불이 음식으로 텃밭채소 먹을 거

거울이 하는 말 / 이윤순 17.02.10. 17:17

거울은 날마다 내 모습 알려줬다네
세월 따라 주름이 늘어나고 있다고
갑자기 늙었다 하며 탄식을 말라하네

가깝고도 먼 산 / 박성환 17.02.11. 12:01

네팔의 히말라야
오르기 힘들지만

동토의 백두산은
보고파 힘들다오

마음만 백두대간을
훌쩍이며 달리오

오늘의 일기 / 오계아 17.02.12. 22:34

오늘은 오랜만에 날씨도 풀렸네요
해님과 동반하여 교회도 다녀오고
텃밭의 배추도 뽑아 수앙수앙 씹어먹고

만나고 싶어져요 / 이윤순 17.02.15. 17:09

고우신 심성을 가지신 울 회원샘들
얼굴은 못 뵈옵고 글로만 공유해도
어느새 정이 들어서 진심으로 보고파

미역이 철새 정치인에게 / 박성환 17.02.15. 18:10

파도에
흔들려서
가누지 못하는 몸

몸 뜯겨
찢어져도
뿌리는 그 자리오

흐르는
물때에 맞춰
뿌리박지 않는다오

남과 여 / 윤 정 17.02.15. 22:55

오는 님 막지 않고 가는 님 보내주네
가다가 돌아온 님 미련두지 않지만
새론 님 더디 오실 땐 자석으로 당겨야지

자평 / 김승규 17.02.16. 03:23

지나간 세월들을 되돌아 살펴보니
철없이 놀던 날이 아쉽기도 하지마는
그래도 이쯤 했으면 잘 살았다 하리라

봄님을 기다리며 / 이윤순 17.02.16. 11:29

라일락
향기 가득 실어 나를 훈풍이
저만치
줄 서서 기다리고 있겠지요
매서운
꽃샘바람이 물러가길 기다리며

앞서는 자랑은 하는 게 아니래요 / 박성환 17.02.16. 13:24

며느리 씨앗 자랑
성급히 하지 마오

딸내미 사위 자랑
서둘러 하지 마오

씨앗이 꽃을 피워야
꽃잎 색깔 안다오

시조방이 최오! / 이윤순 17.02.16. 14:07

오빠가 있으니까 홍도는 우지 말고
성환샘 있으니까 시조방 우지 마라
방 중에 젤 잼 있는 방은 시조잇기 방이여

아! 청춘 / 박성환 17.02.17. 09:15

여드름 봉긋한 꽃
피던 때 언제인가

톡톡 터지던 꽃이
그립고 그리워라

앨범 속 흑백사진이
불러내는 그 시절

차라리 굶고 말지 / 김순진 17.02.17. 10:08

절간에 들어서도 눈치가 빠르다면
고기를 얻어먹는 기회가 생기겠지만
눈칫밥 먹는 것보다야 안 먹는 게 상수라

꽃샘추위에 / 박성환 17.02.17. 12:31

라디오 봄 노래에
겨울을 털어내려

세탁기 되새김질
돌돌돌 시켰더니

서둘러 내복 벗은 몸
양지 찾아 달달달

삼삼오오 노래를 / 윤 정 17.02.17. 15:25

달~달 무슨 달 쟁반같이 둥근 달
어디어디 떴~나 남산 위에 떴~지
우리네 맞춤옷 같은 가락의 장단놀이

고추밭에서 / 박성환 17.02.18. 08:51

이보게 이 사람아
내 옆에 말뚝박아

말뚝에 꽁꽁 묶는
속내나 들어보세

발갛게 곧추서서는
껄떡대니 그러지!

봄이 오는 소리 / 윤 정 17.02.18. 09:06

지금은 시기상조
경칩 즘 장이 서면

고추 가지 모종 사서
심든지 세우든지

빈 들녘 숨 고르는 중에
눈 먼 새도 듣는다

건강이 최고여 / 이윤순 17.02.18. 09:19

지나온 걸음 자국 눈물만 고였나요
눈물 콧물 거기다가 골병도 함께 했소
한숨을 돌리고 보니 건강조차 도둑맞아

독자의 심사평 / 박성환 17.02.18. 17:23

아! 좋아 장원이야
심사평 거창해도

많은 눈이 바라보며
별 볼 일 없다는데

보통 눈 보지 못하는
있는 그건 무언가

내 마음 머무는 곳 / 이윤순 17.02.19. 07:46

가려운
등어리는 효자손이 해결 하고
심심한
내 마음은 내 카페에 머물면서
마실 간
내 잠친구도 카페에서 기다리지

쓴 한숨 / 오계아 17.02.19. 20:12

지금도 윤순님은 여전이 우수 성적
본받으려 하다가도 가끔은 잊어는
내 정신 기가 막혀서 쓴 한숨이 납니다

세상사 돈이 다가 아니여 / 이윤순 17.02.19. 20:41

다이소
천냥 마트
다 있다 하지마는
청춘도
안 팔고
행복도 안 팔대요
돈 줘도
못 사는 것이 한두 가지 아니라오

이영애처럼 예뻤을까요? / 윤 정 17.02.19. 21:30

오죽헌 신사임당 초록길 미모마미
우리 둘 공통점은
시인이자 어머니…

당대의 대 화가들이 인정한
사임당 그리면서…

자물쇠 달고 철든 나무 / 이윤순 17.02.23. 10:53

서울의 남산 위에 억수의 자물쇠들
처음 본 대구 할매 입이 딱 벌어졌네
자물쇠 꼭 달아야만 약속들이 이뤄지남

시조잇기 시조집 구상 / 김순진 17.02.23. 15:05

남들의 시조 읽고 나는 안 올리시면
언제가 되어서도 내 글은 없을 테니
시조로 잇기 모아서 공동시조집 하나 낼까

오비이락(烏飛梨落) / 윤 정 17.02.23. 15:31
까마귀가 뒤집어 쓴 낙과의 원인 규명

세인들 입방아로 돌이킬 수 없지만

그 배의
순간 방어 의지 또한
까맣게 지웠을 새

고무신은 사계용 / 이윤순 17.02.23. 16:53

새 신을 얻어 신고 학교에 가는 날은

나도 몰래 발걸음이 유난히 가벼웠지
시커먼 껌동 고무신으로 사계절을 버텼지

나이는 익어가는 것이다 / 서영석 17.02.24. 07:37

지천명 나이 되어
세상을 터득하고

이순의 나이에는
진리를 깨닫거늘

아직도 이루지 못한
내 영혼의 샘이여

여자만 / 김순진 17.02.24. 11:37

여자만 식당에 가끔 가서 밥을 먹네
인사동 초입쯤에 자리하고 있는 식당
이미례 영화감독이 영화처럼 차려내

사람 팔자 시간문제 / 이윤순 17.02.24. 12:49

내 건강
자신 있다 자부를 하지 마소
내일을
모르는 게 사람의 운명이오
순간에
운명 바뀌니 큰소리를 치지 마소

장독을 닦으며 / 윤 정 17.02.24. 13:37

소금을 넣었더니 바다처럼 깊은 맛
맛소금 얕은 그 맛 입맛도 가벼워서

독 안의 장맛을 모르듯이
잃어가는 사는 맛

자연의 맛을 몰라 / 이윤순 17.02.24. 16:15

맛소금에 길들여진 요즈음 입맛들
자연산 돌김도 맛없다며 외면하고
조미김 반기는 손자 입맛 유명하다 유명해

밥은 달고 시는 쓰다 그러나 시를 더 먹자 / 윤 정 17.02.24. 19:56

해 뜨면 밥을 짓고 달 뜨면 시를 짓자
시를 지어 밥 먹고 밥 지은 시를 쓰자
쓰다가 배가 고프면 쓴 시를 삼켜보자

금식 날은 왜 없는가? / 이윤순 17.02.24. 21:33

자고 나면 밥순이 주방으로 직행이네
주말에도 방학에도 밥순이는 쉴 새 없네
주방에 문 닫는 날은 내 생에는 없겠지

욕심보 / 오계아 17.02.25. 12:32

지금은 대통령도 눈물 먹고 있는데
철모른 늙은이는 웃음을 차지려고
뜬 누에 밤을 지새는 기가 막힌 욕심 보

웃으며 살아요 / 이윤순 17.02.25. 14:21

보약이 따로 없고 웃음이 보약이라
웃어야 복이 오고 건강도 찾는다네
우스개 소리 잘하는 친구 보약 같은 친구

분위기가 뜨기를 기대하면서 / 김순진 17.02.27. 09:14

구관이 명관이라, 새로 맡은 스토리회장
잘 하려 애써보지만 영 분위가 안 떠오르네
그래도 우리는 한 식구, 한국스토리 문인협회

노는 물이 달라도 한 줄기 물이다 / 윤 정 17.02.27. 09:57

회자된 명배우들 과거는 화려했고
그 명성 껴안은 생, 부초로 살아간다
그 물이 생명수인 줄 죽음 앞에 깨닫지

발 없는 말이 천리 간다 / 이윤순 17.02.27. 12:06

지척이 천리이고 등잔 밑이 어둡고
옛 말이 어찌 그리 딱 맞아 떨어지는지
명의를 찾아 가보면 이웃에는 잘 몰라

라디오의 추억 / 김순진 17.02.28. 09:29

라디오 들으려고 마실을 다녔지요
새마을 아가씨란 연속극을 했는데요
주인공 쥐띠부인이 맹활략을 했었죠

검은 구월단이란 테러 단체 활략에
전 세계가 벌벌 떨며 걱정을 하더니
그 단체 이슬람무장단체 IS될 줄 몰랐네요

손오공 연속극에 하모니카 할아버지
청실홍실 노래 나오던 그 시절 그립네요
김삿갓 북한방랑기 귓가에 쟁쟁한데

구렁이 담 넘어가듯 / 이윤순 17.02.28. 17:29

데 자로
잇기 시조 어렵긴 어렵네예
그래도
이어야죠 누구의 명령인데
요렇게
쓰리 슬 적꿍 잇는 놈이 능력자지

지렁이의 꿈 / 윤 정 17.03.01. 06:39

지렁이 꿈틀하는
비 오는 거리에서
우산은 뱅그르르
무지개를 돌린다

밑바닥 꿈틀거리는 생
궂은 날 활보라도…

법 지키면 너 좋고 나 좋아 / 이윤순 17.03.01. 07:58

도무지 알 수 없어 무단횡단 하는 사람
조금만 돌아가면 안전하고 좋을 것을
만약에 사고난다면 서로서로 손핸 걸

차별화된 우리말 시조의 내력 / 윤 정 17.03.02. 09:09

걸스 파워 소녀의 힘
아이돌 십대 가수

익숙한 영어표현
한글이 주눅 들어

시조 속 우리말 사랑 율격만큼 중요한

대한민국 자존감을 위하여 / 이윤순 17.03.02. 12:21

한 뿌리 우리 민족 니 탓 내탓 하지말고
소중한 우리나라 마음 모아 지킵시다
싸움만 하는 모습은 국가 격만 떨어져유

잘 노는 사람이 유능한 사람 / 김순진 17.03.03. 08:33

유능한 인재라고 모두들 칭찬했죠
그러나 내 꿈은 유능보다 안주였죠
글이나 실컷 쓰면서 한 세상 살고파

낭패 / 오계아 17.03.03. 09:22

파도치는 바다의 풍선 닮은 우리 집
어쩌다 요꼴되어 날마다 싸움소리
이것 참 낭패로구나 이웃집에 부끄러움

봄 / 이윤순 17.03.03. 13:27

움트는 새싹들을 환영하는 훈풍과
따스한 봄 햇살이 대지 위에 뒹굴면
냇물도 흥에 겨워서 개구리를 깨우지

자연의 섭리 / 이윤순 17.03.05. 06:39

지구의 수레바퀴 여전히 잘 돌아서
서산이 삼킨 해를 동산이 토해내어
세월을 만들어가니 자연도 동행하고

때를 기다리며 / 오계아 17.03.06. 09:30

고달픈 인생살이 기어온 벼랑에도
내려갈 길이 있어 그나마 다행일세
시간은 알 수 없지만 때는 분명 오겠지

유전자 무시 못해 / 이윤순 17.03.06. 18:31

지나친 음주에다 지나친 흡연에다
운동을 안 하고도 멀쩡한 사람 보면
건강은 뭐라캐싸도 타고 나야 되는 기라

불에 달려드는 나방처럼 / 오계아 17.03.07. 18:25

라드만 내 친구도 음주로 망했다오
스스로 파고드는 술 담배의 욕심보
그 누가 물리치리까 자청하는 길인데

아는 것이 힘 / 이윤순 17.03.07. 19:12

데인 데는 첫째로 냉수로 식혀주고
그 다음 치료해야 완치가 빠르대요
뭐든지 방법을 알면 생고생을 덜 하지유

자갈밭 / 김순진 17.03.08. 07:37

자갈밭을 거닌다 자갈은 유리 원료
자갈은 유리창을 깰 수가 있다지만
유리창 없는 건물은 자갈밭이 아닐까

까마귀가 길조란 나라도 있어유 / 이윤순 17.03.09. 13:35

까치가 와서 울면 반가운 손님 오고
까마귀 울어대면 초상이 난다지만
그것은 사람 생각 차이 나라마다 다 달러유

웃으며 삽시다 / 김순진 17.03.10. 09:09

유모가 많다고 나보고 그러시지만
어릴 적 유모 없이 자라서 그러네요
유모어 많은 사람이 대세라는 거 몰라요

웃음이 보약 / 이윤순 17.03.11. 06:57

요렇게
웃어보고 조렇게 웃다 보면
건강과
행복이 어울려 찾아와요
웃으면
복이 온다니 웃으면서 삽시다

사랑하는 님들께 / 오계아 17.03.11. 10:16

다시 보고 또 봐도 반가운 문우님들
우리는 언제라도 같은 길 걸으면서
저, 멋진 스토리문학 최고 되게 해야지

굴러야 내려오니까 / 이윤순 17.03.11. 10:59

지붕 위 굼벵이가 구르고 싶어 구르나
뛸 재주 없어니까 구르는 수밖에요
세상사 모든 것이 다 이유들이 있다오

대화의 장소 / 오계아 17.03.14. 08:39

오매불망 친구님 오늘도 만나면서
우리의 묘한 인연 다시 생각해보는
이 창은 우리들에게 대화의 장 되어서

동요를 부르면서 / 김순진 17.03.14. 19:59

서울 가신 오빠는 소식도 없고
빗방울만 하나 둘 떨어집니다,[5] 그 노래
동요가 우리의 마음을 설레게 만들어

마음과 마음 사이 노래로 잇닿은 / 윤 정 17.03.14. 20:06

어머니 손을 놓고 돌아설 때 울었던,
부엉새 너와 나는 오래된 친구 사이
함께 한 시간의 강을 건너온 지음지교

망령 때문 / 오계아 17.03.17. 07:00

교만하지 말라고 아버님 이른 말씀
가슴속에 새기고 실천해야 하는데
원수의 망령 때문에 내가 나를 망쳐유

자연 속에서 / 오계아 17.03.24. 08:22

유자나무 노래가 듣기 싫은가 보네
한주가 지나도록 말 이을 자 없어서
자기 말 자기가 잇는 내 신세 가련하다

세월 좋은 선비들 망령보고 웃지 마소
노인 짚던 지팡이 물려받는 법도는
누구도 배척 못하는 자연섭리 아닐까

---

5) 동요 '오빠생각' 중에서

어머니 / 석훈 17.03.26. 17:21

까치야 울지 마라 고향집 뜨락에서
이 못난 자식 올까 언제나 서성이던
당신에 기침소리는 눈감아야 들리지

욕심 때문에 / 오계아 17.03.29. 17:00

지난 일 되풀이에 무슨 소용 있으랴만
욕심 찬 주인 때문 침몰한 세월 호의
억울한 인명과 재산 생각수록 낭팰세

힘든 세상살이 / 이윤순 17.04.03. 00:15

세상에 태어나서 힘들게만 살았는데
산 너머 또 산이니 정상은 어디인가
이래도 계속 가야하나요 선생님 알려주소

이윤순 선생님 응원합니다 / 김순진 17.04.04. 06:57

소 잃고 외양간을 고쳐봐야 헛일이죠
미리미리 건강 챙겨 백세 시대 좋은 날에
건강한 백세라야만 행복인생 펼 수 있네

이윤순 선생님이 조용하다 싶었는데
위암을 수술 받고 이제야 나오셨네
눈물이 왈칵 쏟아져 눈앞이 흐려지네

소중한 친구 사이 / 이윤순 17.04.04. 12:25

네 소식 모르면은 바로 내가 안절부절
내 소식 모르면은 자네가 또 안절부절
그래서 우리 사이는 소중한 친구 사이

우리네 인생 / 오계아 17.04.04. 14:24

이윤순 선생님 그런 일이 있었군요
그동안 안 보여서 웬일인가 했는데
인생은 왜 이렇게도 걸림돌이 많은지

지난일 돌아보면 쓴맛단맛 많지만
그 일을 경험으로 배울 일도 있나니
우리네 인생살이는 울음 웃음 뒤섞여

누가 시켰나? 나도 없는데 / 이윤순 17.04.08. 15:16

여름이 오려면 봄이 다녀 가야겠지
반기지 않았지만 이미 봄은 와있었고
거들떠 보지도 안았지만 봄꽃들은 웃음짓네

새롭게 살아야지 / 오계아 17.04.10. 07:40

네탓 내탓 해봤자 지난 일을 어떠랴
슬프고 아팠던 일 경험으로 삼아서
새롭게 걸어갈 길을 찾아보는 수밖에

잠 부족을 어쩌노 / 이석균 17.04.13. 00:44

에고고 눈이 감겨 씻고 자려 하였더니
딸아이 지가 먼저 욕실로 들어가네
저것이 새치기하면 한 시간도 넘는데

잊을 망자 / 오계아 17.04.13. 09:23

데리고 가실 임은 언제 올지 모르고
보기 싫은 망령은 다정히 다가와서
푸르던 마음바닥에 듬뿍 주는 잊을 망자

김천자두 / 김근숙 17.04.18. 21:25

자두꽃 하얀꽃이 봄소식 알려오네
김천의 자두축제 봄향기 자두향기
가을철 달콤한 자두 입안가득 향긋해

문학공원에서 / 오계아 17.04.19. 18:17

해당화 꽃향기에 그리움 동여매고
탐독의 문학공원 축복하는 이 마음
해님도 웃으며 와서 어루만져 주시네

파블로 네루다를 쓰다 / 김순진 17.04.22. 07:27

네루다는 남칠레의 노동자 아들이죠
열아홉 젊은 나이에 스무편의 사랑시와
한편의 절망시를 써 국민적인 사랑을 받은

독재정권 맞서며 탄압에 항거하고
망명길에 올랐던 칠레의 민족 시인
서민을 사랑하고 아낀 노벨문학상 수상시인

이젠 나도 익었다오 / 이윤순 17.04.23. 06:56

인정도 사정도 안 통하는 인생길에
흔들리지 않고서는 영근 열매 없다지만
너무나 가혹 합니다 이제 그만 흔들어요

이윤순 선생님 건강을 빕니다 /오계아 17.04.23. 17:44

요 며칠 기다리던 선생님 보이시네
그동안 받은 고생 얼마나 컸던거요
그래도 또 보게 되어 달 보듯이 반갑고

그때가 그립습니다 / 이윤순 17.04.23. 21:22

고맙고 반갑네요 그리운 선생님
몇 해 전 찾아뵙고 감귤선물 받아왔던
그때가 너무 그립네요 꿈결 같은 지난 세월

허전한 월급날 / 김근숙 17.04.25. 17:34

월급날 기다렸던 기쁨도 잠깐이네
부모님 용돈봉투 아들딸 용돈입금
내 몫은 은행이자뿐 혼자 살면 좋겠네

기도합니다 / 오계아 17.04.25. 18:06

네리 사랑 치사랑 오로지 의무인데
자기 의무 모르는 윗어른의 무지를
하늘이 닦아주도록 두 손 모아 빕니다

죽을 때까지 배우고 경험하고 / 이윤순 : 17.04.29. 21:03

다 살았다 다 배웠다 끝났다 하지말자
배움에 끝이 없고 경험도 끝이 없네
수없는 경험을 했지만 착오가 계속 생겨

사랑하는 문우님께 / 오계아 17.04.30. 14:13

겨자 생각 맛처럼 알사한 문학공원
친하면 친할수록 몸에 좋은 독서로
인생을 찾아봅시다 사랑하는 윤순님

오계아 선생님 거울삼아 / 이윤순 17.05.02. 06:09

님께서 고맙게도 못난 저를 안 잊었고
꾸준히 사랑 주셔 너무나 행복해요
구순을 앞에다 두신 대단하신 선생님

부럽습니다 / 이석균 17.05.04. 10:22

님들이 나누시는 끝말로 인연 쌓기
보기만 하는데도 마음이 따뜻해요
나또한 누구를 만나 그런 마음 나눌꼬

시의 덕 / 오계아 17.05.04. 15:51

꼬꼬댁 닭소리도 잊어진 시골에서
서울의 문학공원 나들이로 즐기는
이 행복 누리는 것은 오직 시의 덕이지

숨죽여 웃는 장미 / 이윤순 17.05.05. 09:47

지금은 담장마다 장미들 웃는 계절
달력도 시계도 갖추지 않았는데
어이해 오월을 알고 때맞추어 웃고 있나

수정의 계절 / 김근숙 17.05.07. 20:40

나비들 바쁜계절 꽃마다 사랑노래
소나무 송화가루 바람이 옮겨주니
나무 꽃 사랑의 결실 내 마음도 기쁘다

들락날락 카페 / 이윤순 17.05.09. 09:11

다음엔 어느 님이 이어실까 궁금하네
낯가림 없는 카페 스토리 우리카페
시간도 자유로우니 오며가며 들려 봐요

기웃기웃 살피시고 고운 흔적 남기시어
님도 보고 뽕도 따고 심신을 휴식 하고
문우 간 정도 쌓으며 알찬 카페 만들어요

환장 난 고백 / 오계아 17.05.09. 13:57

요렇게 좋은 말씀 듣기만도 기뻐요
문우 간 알 찰 정을 쌓아가는 카페 방
알면서 안 오는 님들 웬일일까 수상해

다니면 다닐수록 재미나는 카페 방
길을 몰라 안 오나 차비 없어 못 오나
그 속셈 알 길이 없어 너무너무 환장해

해거름 / 이윤순 17.05.13. 04:18

해님이 바라보니 인생과 다름없네
강열한 한낮 땡볕 그 기운 어디가고
힘없이 서산에 주저앉은 노을 속에 저 태양

현모양처, 그게 언제 적 말인가 / 윤 정 17.05.15. 10:13

양처가 되려던 것
현모를 자청한 후,

조신한 몸가짐과
자애로운 마음을

저절로 잘 익어가도록 해야 하지 억지로?

가로등 / 이윤순 17.05.16. 07:35

로터리 가로등들 등불 들고 밤새우네
한마음 한뜻으로 같은 방향 바라보며
로터리 사랑하는 마음 행동으로 보여주네

오직 한 길 이 또한 지나가리라 / 이태순 17.05.17. 15:10

네 인생 내 인생 사는 게 별건가
젊다고 유세 말고 늙었다고 나이 탓 마라
오로지 순서도 없이 가는 길은 한 곳뿐.

끝말을 이었을 뿐 / 이윤순 17.05.18. 05:52

뿐이고 노래가사 생각이 나는 군요
뿐 자로 끝 났으니 뿐으로 이어야죠
잇기를 하다보니까 별 말들이 다 나와

거듭 내우는 방 / 오계아 17.05.19. 07:42

와요와요 어서 와요 시조 읽기 방으로
이보다 놀기 좋은 방 또 어디 있으리까
놀수록 재미난 이방 우릴 거듭 내워유

유교문화의 폐단 / 윤 정 17.05.20. 11:30

유-세-차(維歲次)
제를 올려
조상을 모시는 일,

유심으로
메 짓고
갱을 끓여
젯상을 차리는 일,

남녀의
제각기 다른
효의 방식
그것 참…

효에 대해서 / 오계아 17.05.21. 06:43

참말로
효의 방식
천차만별이네요

순종만 효로 믿고
마흔 해 살았는데

자녀에
대한 바람은
저 잘 사는 게
효 같아…

효는 백행의 근원 / 이윤순 17.05.24. 21:01

아마도 이 시대엔 핵가족 많아져서
삼사 대 층층으로 사는 이 드물지요
실보다 득이 많은 걸 모르는 이 참 많어

그리운 문우님께 / 오계아 17.05.26. 07:41

어머나 이윤순님 반갑게 나오셨네
건강이 완쾌되길 마음으로 빌면서
언젠가 또 만날 날을 학수고대 합니다.

오계아 선생님 건강을 빌면서 / 이윤순 17.05.26. 12:08

다음에 언제쯤 또 만날 수 있을까요
만약에 뵐 수 있다면 얼마나 좋겠어요
세상사 알 수 없으니 기대하며 사입시더

인연 / 오계아 17.05.28. 06:17

더 이상 무슨 말로 고백을 하오리까
우리의 카페 인연 천생연분 아닐까요
한 물에 노니는 배에 함께 오른 우리 인연

님들 발길 너무 뜸해 / 이윤순 17.05.31. 15:57

연달아 이어지면 재미가 있을 낀데
님들이 바쁘신지 발길이 뜸하네요
시조방 불이 꺼지니 괜스레 신경 쓰여

벗님을 기리며 / 오계아 17.06.03. 13:28

여름은 왔는데도 비는 오지 않아서
메마른 농지 닮은 우리 시조 잇기방
언제면 흡족히 적실 벗님들이 오실지

천명 넘는 회원들 등한하는 이유가
도무지 이해 못할 시험문제 같지만
그래도 돌아오기를 기다리는 수밖에

도시의 담벼락은 / 박성환 17.06.05. 14:01

에두른 싸리 담장
속살이 다 비쳐도

흉볼까 흉잡힐까
고민이 무어더냐

치켜서 꽁꽁 싸매고
뭔 말들이 많은지

영화 본 감격 / 오계아 17.06.05. 23:14

지치고 다친 인생
죽지 못해 살아온

8학년 6반에서 관람한 노무현 영화

죽었다
다시 살아난
기쁨으로 봤지요

소문났데예 / 이윤순 17.06.06. 08:33

요즈음 그 영화 인기가 있나 봐요
관람은 못 했지만 소문은 들었어요
첨단을 달리시는 선생님 존경해요 진심으로

로또의 꿈은 / 박성환 17.06.07. 18:06

로또를 한 장사서 지갑에 모셔두고
빌딩을 지어보고 외제차 몰아보는
혹시나 거닐던 꿈길 역시나 끊기는 길

궁금한 심사 / 오계아 17.06.08. 20:20

길 중엔 카페길이 난 가장 반가운데
남들은 어인 일로 출석이 뜸하신지
아무리 생각해봐도 그 심사가 궁금해

걱정 끝없어 / 이윤순 17.06.09. 12:41

해님이 점점점 뜨거워 지고 있다
오존이 어떻고 미세먼지가 저떻고
도대체 우리 인간은 어디 가야 안전하나

걱정근심 / 오계아 17.06.15. 06:12

나무가 우거져서 숲그늘이 되듯이
카페의 숲그늘도 우거져야 하는데
왜 점점 매말라가나 태산만한 걱정이

행복의 잣대 / 윤 정 17.06.17. 05:33

이래도 일주일을
저래도 한 보름을

각자의 생활 터전
쳇바퀴 돌리느라

단 하루
숨 고를 새 없는
고단한 시지프스

꿀맛 / 오계아 17.06.20. 10:47

스스로 하고 싶은 카페의 출석으로
재미도 맛보면서 즐거움도 얻으며
아쉬움 긁어모아서 삶아먹는 내 뱃살

인생사 새옹지마 / 이윤순 17.06.22. 16:17

살맛나는 세상은 있는 사람 몫이고
지겨운 세상은 없는 사람 몫이지요
타고난 자기 몫인데 어찌할 수 없지요

금수저 물었다고 뽐내지 말고요
흙수저 물었다고 절망하지 맙시다
인생사 새옹지마라 한 치 앞을 모른다오

기도하는 오계아 / 오계아 17.06.23. 16:55

오호라 인생살이 한 조각 구름인데
떴다가 사라지는 그 순간을 못 참고
욕된 일 스스로하며 죄만 지는 가련함

단 한번 왔다 가면 영원히 못 올 세상
자기를 못 찾고 가는 어리석은 이 신세
신이여 구해주소서 회개할 수 있겠끔

아픈 동행 / 이윤순 17.06.25. 09:40

끔찍한 아픔도 이승에 벗이리라
어르고 달래가며 동행을 해봅니다
어차피 세월 흐르면 나도 저도 가겠지

기대하는 /오계아 17.06.29. 06:47

지금 받는 아픔이 귀한 약이 되시어
몸건강 마음건강 정신건강 하시고
스토리 문인협회 별이 되어 주시길

사람이 줄어 / 오계아 17.07.03. 07:41

길 중에 카페길이 최고로 유망한데
스토리 카페엔 무슨 한기 들었는지
요즘엔 너무 메말라 오장육부가 타겠군

몸살은 빼고 마음살 찌우세요 / 이윤순 17.07.10. 09:53

군것질 삼아 찾는 우리 카페 좋은 카페
마음이 심심할 땐 카페에 들러보소
마음에 양식되어서 마음배 부르다오

흙수저 입에 물고도 / 윤 정 17.07.11. 15:57

오르며 생각하지
'내려가면 안 된다.'

아니나 다를까요!
"키햐아 참 잘 왔군."

오르고 또 오르면야
언젠가는 되겠지

기도 / 오계아 17.07.11. 22:59

지만 울던 망구가
문학카페 만나서

인사도 드려보고
말끝도 이어보는

이 좋은 스토리문학에
우담바라 피소서

야시비 / 이윤순 17.07.12. 06:21

서늘한 바람 불면 소나기 올 조짐
소등을 피한다는 오뉴월 소나기는
한줄기 쏟아 붓고는 도망가는 여우비

어디에 등을 댈까 / 오계아 17.07.14. 11:53

비상한 이야기가 구름발에 나돈다
이런 땐 바람 색도 짐작하기 어렵다
우리는 어느 색깔에 기대어야 할까요

이윤순 선생님 나오셔서 반갑습니다
모쪼록 건강하시길 마음으로 빕니다
언제면 우리 또 만나 회포 풀어볼까요

어쩔 수 없는 일 / 오계아 17.07.26. 07:20

요즘 이방 식구들 무슨 일 생겼을까
아니면 제가 싫어서 뒷걸음을 치는가
보름간 종무소식에 이 가슴이 탑니다

방 닫을 경고이면 그대로 따라야죠
아무리 그리워도 독불장군 없으니까
가슴이 미여지지만 어쩔 수 없는 일이죠

여름이다 / 김무늬 17.07.26. 21:32

죠스가 돌아오는 휴가철 해변가에
연인들 희희낙락 웃음소리 요란한데
아직은 휴가철인가 와 닿지가 않는다

맑고 푸른 고을, 청주에서 / 윤 정 17.07.27. 08:15

다행히 극복중인
폭우의 모진 피해,

관광에 미쳐 날뛴
도의원 사죄조차

하늘이
미리 알고서
장대비로 쓸었다.

우리 / 김순진 17.07.27. 09:12

다, 라는 말 곱씹어 모두, 라고 해석한다
모두란 말 되새겨 우리, 라고 이해한다
우리는 서로 다 같이 감싸고 도는 말

글로 말하다 / 명경 17.07.27. 16:32

말없이 살라한다 늙어서는 더욱
입다물고 생각말고 귀도 막으라네
무엇으로 살까하니 글로서 말하려오

살맛나는 오늘 / 오계아 17.07.31. 07:20

오호라 회원님들 제법 살아 있군요
한동안 불출석에 눈물이 흘렀는데
오늘은 살맛이 나서 아침밥이 달겠네유

고르지 못한 비 / 이윤순 17.07.31. 21:49

유난히 올 장마는 국지성 소나기
골고루 뿌려주면 더욱더 좋으련만
물난리 만나 고생하는 모습 보니 맘 아파

휴가는 너무 먼 곳에 / 김무늬 17.08.01. 08:13

파리한 생각으로 방콕을 보내느라
올해는 여름휴가 생각지도 못하네
이제는 나아지겠지 꿈만 꾸는 올여름

ㅎㅎㅎ / 이윤순 17.08.02. 18:41

흠자로 시작 단어 찾을 길 없으니
까이꺼 대충대충 넘어가 볼끼라예
어디로 가든지 간에 서울마 가마 되지

오계아의 기도 / 오계아 17.08.03. 08:29

지겨운 더위에도 주눅 들지 안하고
싱글벙글 커가는 스토리 문학카페
올해는 광명이 되어 어둔 구석 밝히소서

내 카페 / 이윤순 17.08.03. 16:16

서글픈 노년에도 수시로 들락날락
이런 곳 있다는 게 얼마나 고마운지
돈 한 푼 필요가 없는 배움의 터 시조방

원수 때문 / 오계아 17.08.05. 13:42

방심 말고 시조 쓰기 친구님 바램인데
정체 없이 나뒹구는 요놈의 잊을 망자
날 잡아 먹으려하는 심술쟁이 때문에

아끼는 것도 요령껏 / 이윤순 17.08.05. 14:49

에너지 절약하려 부채로 견디다가
땀띠가 펴부어서 피부과 다녔더니
아이구 환장하것네 약값이 더 들더라

무슨 이유일까 / 오계아 17.08.15. 06:51

라디오 TV보다 더 좋은 시조잇기
왜들 외면하는지 이유를 모르겠네
혹시나 둘만 놀라고 옆 걸음을 하는지

인적 드문 시조방 / 이윤순 17.08.15. 17:09

지지자 적은 이유 그 누가 알까요
취미가 없는 건지 흥미가 없는 건지
사람 맘 알 수 없으니 아쉬움만 가득해

외로워서 슬픈 방 / 오계아 17.08.19. 06:29

해 저문 바닷가의 갈매기 닮은 우리
단 둘의 벗이라도 있으니 다행이지
혼자면 너무 외로워 뒤물러 설 수밖에

어디에 계시나요? 우리 님들 / 이윤순 17.08.20. 06:31

에해야 데해야 노 저어 가자꾸나
손님 뜸 한 시조방을 파도에 실어서
우리 님 계신 곳까지 찾아가자 어디라도

유시민 글쓰기 특강에서 / 오계아 17.08.22. 06:39

도리도리 농부만 살고 있는 시골에
흡족한 가을비로 풀리는 들녘처럼
가슴을 흠뻑 적시는 글쓰기 특강 받고서

문경 여름시조학교 / 김근숙 17.08.23. 02:48

서울서 문경까지 달려간 시인학교
전국의 시인들이 몰려든 문경새재
챗사발 맨발의 축제 활기찬 문경의 밤

여행 떠나고 싶어 / 이윤순 17.08.23. 16:54

밤 하면 밤 기차가 생각이 납니다요
맘 맞는 친구와 완행 밤차 타고 앉아
따끈한 아메리카노 홀짝홀짝 먹는 재미

세월이 명약 / 이윤순 17.08.28. 06:59

미움도 그리움도 세월이 약이고요
아픔도 서러움도 세월이 약이지요
세월에 이길 장사가 있으면 나와봐유

지난 일 경험으로 / 오계아 17.08.30. 18:53

유난이 더운 여름 밀어내며 온 가을
책 읽기 시 쓰기로 즐길 수만 있다면
지나간 괴로움이야 경험으로 값질 뿐

기대하며 살자 / 이윤순 17.08.31. 17:43

뿐이고 여름도 지나갈 뿐이지요
돌고 도는 계절 따라 인생도 돌 뿐이지
죽을 맛 나는 세월 지나면 살맛나는 날 오겠지

독서 열매의 꿈 / 오계아 17.09.02. 07:13

지겨운 열대야도 폭염도 지나가고
책읽기 좋은 가을 결실 들고 오는데
우리도 독서의 수확 얻어야지 않을까?

먼저 인사하기 / 김근숙 17.09.02. 10:10

까치의 아침인사 얼굴엔 웃음꽃이
만나는 사람마다 환대로 다가가니
그늘진 주름사연들 뭉게구름 두둥실

가을에 쓰는 시조 / 윤 정 17.09.02. 22:41

실정이 실감 나서 운율을 엮어놓고
운율은 제 바람에 갈바람 몰고 온다
갈잎도 젖어드는 밤 실없이 실실대고

너무 똑똑하면 보호를 못 받아 / 이윤순 17.09.03. 10:44

고집을 부려봐야 누가 알아 주나요
싫어도 좋은 척 알아도 모른 척
적당히 척척척 하며 웃으면서 살어유

순간 가을 / 박성환 17.09.04. 17:21

유채꽃 만발하여 봄인가 문을 여니
소나기 비바람에 장미꽃 떨어지고
우산을 접는 찰나에 치켜진 하늘이여

세월아 게 섰거라 / 이윤순 17.09.04. 21:46

여름이 떠난다고 좋은 게 아니라오
가을 오면 겨울 와서 또 한 살 먹잖아요
계절도 바뀌지 말고 세월도 멈췄으면

누구나 / 박성환 17.09.05. 17:40

면면이 들여보면
뾰족한 가시 하나

가슴에 박혀 살지
찔려도 안 아픈 척

웃음 띤 벽지를 더덕
바르며 사는 거지

암만 잘나도 호박 / 이윤순 17.09.06. 16:36

지붕 위
누렁 호박 살찐 궁디이 같지요
어느 님
홀리려고 벌겋게 내놓았나
밤낮을
가리지 않고 자랑하는 늙은 호박

네 탓이야! / 박성환 17.09.07. 14:20

박힌 돌 빼내려다
삽자루 부러졌네

부러진 삽자루의
나약함 모른다오

콕 박혀 버티는 돌만
못됐다고 하더라

비빔면도 짬뽕면도 마카다 신라면 / 이윤순 17.09.08. 16:10

라면의 종류가 얼마나 다양한지
수도 없는 라면 종류 글 모르는 우리 엄니
라면은 아무끼나 다 신라면 이라카고

내릴 길이 있어서 / 오계아 17.09.09. 18:30

고요란 적막강산 발 아프게 걸으며
그 높은 멧부리에 덧없이 올라보니
비로소 내려갈 길이 환향으로 맞서서

곤충도 풍년가을에 장가들지 / 이윤순 17.09.09. 21:47

서늘한 가을바람 조석으로 맛보이니
짝 찾는 귀뚜라미 목청껏 노래하네
종족을 보존하려고 밤마다 구애작전

양심 / 김근숙 17.09.10. 16:45

전깃줄 참새가족 뜨거운 햇살아래
들녘에 벼이삭은 차마 삼길 수 없어
날아온 고추잠자리 유혹하는 가을날

보이지 않는 게 더 날카롭지 / 박성환 17.09.11. 16:58

날 세운 각진 마음
칼보다 무섭다네

시간이 흘러가면
칼날은 녹슬지만

마음은 풀지 않으면
점점 더 날이 서지

생명의 약 / 오계아 17.09.11. 18:03

지겨운 열대야도 몰아낸 독서계절
어제 일 오늘 일을 책으로 보노라면
한 세상 사는 일들이 값이 비싼 약일세

19금 / 박성환 17.09.12. 08:49

세운들 무엇하리 세워서 무엇하리
홀아비 독수공방 얼굴만 후끈후끈
이놈의 비아그라가 잠 못 들게 하는 밤

자가용이 최고여 / 이윤순 17.09.13. 06:31

밤이면 도지는 병 옆구리 허전한 병
이집 저집 좋다 해도 내 기집이 최고라
이 밤도 끼고 누워서 모닥불 피워야지

유년의 추억 / 박성환 17.09.13. 17:31

지도를 그린 날엔
소금이 떨어졌지

할머니 키를 씌어
윗집에 소금 동냥

그을린 부지깽이에
혼쭐나던 코흘리개

멍멍이의 고민 / 이윤순 17.09.16. 17:49

개의고민 들어 보소 울도 담도 없는 집에
마당에 주저앉아 오고간 이 거동 보네
언놈이 도둑놈인지 도대체 알 수 없어

눈치 후각 백단으로 고개 만 갸우뚱
짖어 뿔까 말아 뿔까 망설이는 멍멍이
도샘도 사람과 같으니 가려내기 어렵도다

물결소리 / 오계아 17.09.17. 22:02

다시 못 올 이 세상 한 번 왔다 가면서
사랑을 나누라는 금싸라기 같을 말
박혀진 가슴속에서 물결치는 소리가

덧난 마음 / 박성환 17.09.18. 18:03

가렵기 시작하면
효자손 춤사위도

봇물로 터져 나온
그리움 막지 못해

가슴을 가득 적시는
근질대는 네 생각

입맛도 변하더라 / 이윤순 17.09.19. 15:56

각설탕 하나 넣어 달달하던 커피맛도
지금은 싫어졌네 쌉쌀한 블랙커피에
촌순이 빠져버렸다 향기에도 빠졌다

시 한 수 / 정선희 17.09.20. 12:40

다 같이 둘러앉아 얼굴을 마주보자
복잡한 세상사는 심중에 묻어두고
우리는 그늘에 앉아 술 한 잔에 시 한 수

비우며 사시게나 / 박성환 17.09.20. 17:42

수많은 온갖 사연
모두 다 담지 말게

바람을 품고 사는
풍선도 터지는데

까칠한 사연을 품은
가슴은 어쩌겠나

내 카페 / 이윤순 17.09.21. 12:34

나 혼자
걸어가는
인생길 같지마는

카페에
출석하면
동행 친구 많더라

마음을
나눌 수 있는 시조방이 나는 좋아

가을 산 / 정선희 17.09.21. 17:30

아침에 일어나서 뒷산에 올랐더니
하늘엔 구름 천지 가을은 어디가고
구철초 하느작대며 나비처럼 춤춘다

달려온 계절 / 박성환 17.09.21. 19:51

다람쥐 하품하던
꽃피는 봄날인가

벌 나비 날갯짓이
뜨겁던 여름인가

어느새 알밤 줍느라
발길 바쁜 다람쥐

내 신세 / 정선희 17.09.22. 14:46

쥐꼬리 월급 봉투
살뜰히 모두 모아

이만큼 이루었네
내마음 몰라주면

어디에 하소연할꼬
이 내 신세 서글퍼

나는 퍼즐 조각 / 이윤순 17.09.23. 03:09

퍼즐을
맞추듯 여기 왔다 저기 갔다
바쁜 일상
그것이 이 몸의 낙이로다
늙어도
쓸모 있음이 얼마나 다행인가

굴러보지도 않고는 / 박성환 17.09.23. 11:23

가보자 힘들지만
굴러서 올라보자

고개에 올라서면
내리막 나오는데

오르다 주저앉고는
평평한 길 없다 하지

도랑 조(調) / 이윤순 17.09.23. 17:40

지치고 힘 드는데
뭣 하러 올라가요

올라봐야 또 다시
내려 와야 하는 걸

차라리
계곡에 앉아 쇠주나 한 잔 하고 노세

나의 꿈 / 정선희 17.09.23. 18:50

세상에 태어나서
무엇을 남길 소냐

좋은 시 한 편 남겨
후세에 전하고파

그 누가 날 욕하리오
쉬지 않고 익히리

옆집 할매 자가용 / 이윤순 17.09.23. 21:57

리자로
시작 된 말 리어카 생각나요
종이 상자
줍는데는 리어카 제격이죠
오늘도
옆집 할머니와 동행하는 리어카

눈뜨면

함께 하는 할매와 리어카
삐거득
리어카 절룩절룩 할머니
각자의
생에 연장전에 열심히 도전 중

카페 덕으로 / 오계아17.09.24. 09:13

카페를 만난 우리 얼마나 행복한가
카페 모를 갑장도 수두룩 박작한데
우리는 카페 덕으로 외로움도 이기고

날마다 거듭나는 웃음도 먹으면서
내일을 내다보는 꿈도 꾸게 되면서
문단에 올라본 자랑 남기게도 되면서

값진 인연 / 이윤순 17.09.24. 14:14

서로가 사랑하며 서로서로 걱정하며
카페에서 만난 인연 너무 좋은 인연이지
시조방 들어오셔서 많은 정 쌓아가요

화답하다 / 정선희 17.09.24. 15:24

요상타 이 내 마음
다른 일 하다가도

카페에 오고픔은
알뜰한 카페사랑

그것의 영향이로세
얼씨구나 좋아라

쉴 줄 모르는 세월 / 이윤순17.09.24. 18:41

라일락 꽃 필 때가
바로 어제 같건만

어느 새 서늘바람
창문을 닫게 하네

발 없는
이놈의 세월이
엄청시리 빠르네유

심미안 / 윤 정 17.09.25. 08:23

유리로 만들었든
강철로 만들었든

마음을 보려들면
그대로 보이는데

눈 감은 가슴으로야
어찌 볼 수 있을지

아름다운 도전 / 이윤순 17.09.25. 11:37

지루 할 사이 없이 열심히 사는 그대
목표를 향하여 도전하는 예쁜 모습
거기서 멈추지 말고 예쁜 도전 기대해요

평화여 오라 / 정선희 17.09.25. 14:16

요시찰 대상이라
흉흉한 대북정세

핵무기 버리고서
평화를 선택하라

반만년 유구한 역사
세세토록 지키세

숙명의 짝궁 / 이윤순 17.09.26. 17:39

세로와
가로는 숙명의 짝꿍이죠
가로는
누워 살고 세로는 서서 살죠
이 둘이
합심을 하면 안되는 게 없지라

귀신이 곡할 기계 / 이윤순 17.09.28. 09:40

라디오도 좋고요 티브이도 좋지만요
만물박사 스마트 폰이 정말로 편리 하죠
즉석에 알아볼 수 있는 내 손안의 백과사전

골목길 풍경 / 정선희 17.09.28. 12:32

전셋집 세놓아요 월세도 괜찮아요
전봇대 붙여놓은 쪽지가 달랑달랑
오가는 사람들마다 궁금해서 멈춘다

행복 / 오계아 17.09.28. 15:34

다정한 식구끼리 오순도순 살면서
저 몸도 보호하고 역사도 찾아보며
신앙도 믿어보는 게 가장 행복 아닐까

가을마당 / 정선희 17.09.30. 08:19

까치가 마당가에 날아와 앉는구나
땅콩을 입에 물고 전봇대 올랐구나
까무룩 잠든 노인이 깨기 전에 줄걸음

달님께 / 오계아 17.10.02. 07:50

음 팔월 십오일을 달구경 반가운 날
어른 아이 모두가 구경할 수 있도록
님이여 큰 웃음으로 두루 살펴 주소서

추억에서 / 정선희 17.10.05. 08:09

서산에 노을진다 불붙던 미루나무
대문 앞 홀로앉아 부모님 기다리던
그때가 생각이 나서 꿈속에도 운다오

잠 때문에 / 오계아 17.10.09. 16:41

오호라 새바람이 머릴 만져 주어도
그 마음을 모르고 동분서주 하는 우리
언제면 잠에서 깨고 그 도움을 받을까?

손자는 피로 회복제 / 이윤순 17.10.09. 21:38

까만 눈 굴리면서 애교떠는 손자 놈
식구 중 할머니가 일 순위로 좋다며
볼에다 소나기뽀뽀, 몰린 피로 도망간다

손녀를 기다리며 / 정선희 17.10.10. 20:12

머나먼 타국에서 태어난 손녀딸이
며칠만 기다리면 온다고 하는데요
그새를 못 기다리고 전화통만 붙잡고

옹고집 / 이윤순 17.10.12. 11:21

고집쟁이 중에는 엘리베이터 뺄 수 없지
정원 초가 딱 걸리면 절대로 안 가지요
아무리 고집 센 자도 이길 수가 없지유

가을 날 / 정선희 17.10.13. 12:26

유리창 열어보니 가을이 살금살금
하늘은 청아하고 바람은 소슬바람
공원 앞 배롱나무꽃 봄빛처럼 찬란해

정유년 가을 / 이윤순 17.10.13. 14:52

해마다 맞이하는 낯익은 가을 하늘
올해는 왜 그런지 더 곱게 보여지네
청명한 이 가을 하늘 몇 번이나 더 볼 런지

반가운 가을 / 오계아 17.10.14. 08:01

지겹던 무더위는 깨끗이 물러가고
싱그러운 가을이 반갑게 들어와서
탐독을 도와주시니 어찌 아니 좋을 손가

깃털처럼 가볍게 / 정선희 17.10.14. 20:54

가벼운 깃털처럼 살다가 가자구요
어차피 남길 것이 하나도 없는 인생
떠날 땐 백만장자도 빈손으로 가지요

가을은 사랑의 계절 / 이윤순 17.10.16. 07:01

요사이 갑자기 기온이 떨어져서
목수건에 옷깃을 여미게 하네요
들녘엔 메뚜기들도 짝꿍 업고 사랑하겠지

지혜의 바다 속으로 / 정선희 17.10.16. 19:37

지혜는 지식보다 훌륭한 덕목이다
경험과 창조적인 사유가 만들어낸
지혜의 바다 속으로 들어가자 모두들

아름다운 계절 / 이윤순 17.10.17. 11:13

들국화
찬 서리 맞을 준비 분주하고
벼 이삭
고개 숙여 사람의 손 기다리고
이 가을
풍성한 들녘 아름다운 우리 땅

할머니 손수건 / 정선희 17.10.17. 21:12

땅거미 으슥하여 집으로 돌아오신
할머니 손수건엔 먹거리 푸짐했지
오라비 책상서랍에 재빠르게 넣었지

멋진 인생 / 오계아 17.10.18. 03:54

지난 일 생각 말고 내일만 생각하자
무식사회 떠밀며 들어온 지식 사회
다 함께 가슴에 품고 멋진 인생 삽시다

통영 미륵산에 올라 / 정선희 17.10.18. 10:37

다도해 눈부시던 미륵산 생각나요
통영의 쪽빛바다 그린 듯 펼쳐지고
동백꽃 울타리에는 꽃멍울이 붉었소

동백섬 / 이윤순 17.10.21. 09:12

소문만 들었지요 남쪽의 섬 동백꽃
지금쯤 몽울몽울 웃을 준비 하겠지요
빠알간 웃음꽃으로 사람들 맘 붙들겠지

감사해야 할 때 / 오계아 17.10.22. 14:24

지난 간 아픔들을 탓해서 무얼 할까
오는 일 바탕으로 수고한 공로인 걸
지금은 되돌아보며 감사하고 격려할 때

멍든 정유년 / 이윤순 17.10.23. 06:26

때, 라고
말하자면 바야흐로 2017년
정유년이
알차게 무르익은 가을이라네
하지만
난 보내고 싶네 지겨운 정유년을

황혼길의 생 / 이윤순 17.10.25. 07:17

을씨년
스럽게 도로를 쓸고 가는
늦가을
바람도 조만간 닥치겠지
나 또한
찬바람에 떠밀려 휘적휘적 떠나겠지

고통의
정유년을 미련 없이 벗어나면
다가오는

무술년은 날 반겨 맞아 줄까
희망의 새해가 될까 절망의 새해 될까

기도 / 오계아 17.10.25. 10:05

고래 싸움에서 등 터진다 하듯이
굽은 등 터질 듯한 핵무기 개발 문제
조용히 소멸되기를 기도하는 이 마음

인생은 / 윤 정 17.10.25. 14:00

음악은 영혼으로 미술은 영상으로
춤 한 판 추고 나서 시조를 읊어본다
예술은 길고 길어서 짧은 인생 즐거워

소시절에 / 이윤순 17.10.26. 09:26

워낭소리 딸랑딸랑 소 먹이던 그 시절
그때가 어제 같아 그리움 새록새록
산에다 소 올려놓고 개울에서 가재잡던 때

한으로 남기지 말자 / 이윤순 17.10.28. 11:23

때 늦다고 후회 마소 오늘이 젤 젊은 날
안하는 후회보다 해보고 후회하소
해보고 후회하는 것은 한으로 남지 않소

웃으며 노래하며 / 오계아 17.10.28. 11:37

소슬바람 맑은 날 출석인사 드리는
오늘은 윤순 님과 같은 시각 나서서
앞서고 뒤에 선 인사 쏟아지는 이 웃음

향기는 공짜 / 이윤순 17.11.01. 07:01

음~~ 커피향이 코 끝에 와 머무네요
난, 커피를 맛보다도 향으로 즐긴다오
카페 앞 지나갈 때에 공짜로 즐긴다오

허무한 생 / 정선희 17.11.01. 14:22

오늘이 십일월의 처음 날 어찌된 게
시간이 날아가요 우리네 인생살이
허무해 가을낙엽이 온누리에 가득해

세월이 너무 빨라 / 이윤순 17.11.02. 18:32

해 저문
가을 길이 늙은 잎들 삼삼오오
수근수근
수다 떨며 세월을 원망 하네
어제가
봄 이었는데 벌써 가을 왔느냐고

겨울 밤 노래 / 오계아 17.11.03. 20:31

고요한 겨울밤에 천지에 덮은 공기
이마로 떠받으며 숲길을 건노라면
반가운 시와 수필이 내 손목을 붙잡아

늦가을 / 이윤순17.11.05. 08:42

아침의
찬서리는 해님이 걷어가고
들판의
황금 곡식 농부들이 걷어가고
산천의
고운 단풍은 찬바람이 걷어가네

구렁이 담 넘어가듯 / 이윤순 17.11.07. 06:56

네 자로 시작되는
낱말은 드물지요

부담이 되실까봐
이렇게 또 나섭니다

이렇게
저렇게나마 스리슬쩍 넘어가

아쉬운 계절 / 김근숙 17.11.07. 07:08

가을은 은근슬쩍 머물다 사라지고
사랑도 잠시 동안 뜨겁게 불태우고
잔잔한 햇살 한 줌에 위로하며 버틴다

허수아비 / 정선희 17.11.08. 14:14

다랑이 논배미엔 추수끝 허수아비
무엇을 해야 하나 멍하니 서있구나
하늘로 날아오르는 까치 떼가 부럽다

카페의 수학 / 오계아 17.11.09. 06:34

다수학 거두기에 한창인 들녘처럼
시조의 수학으로 기뻐야할 카페방
우리가 힘을 모아서 키워야지 않을까?

말똥만 굴러가도 / 이윤순 17.11.10. 10:52

까르르 웃다가 혼나던 소시절
웃는다고 뭐라 하면 더 터지던 웃음보가
지금은 어디로 가고 개콘 봐도 시큰둥

워리의 버릇 / 정선희 17.11.10. 22:21

워리는 우리 집의 강아지 이름이다
운동화 물어다가 마루 밑 넣어두고
아침에 혼쭐이 났다 그 버릇은 여전해

에누리는 없는 세상살이 / 이윤순 17.11.12. 07:20

해는 점점 짧아지고 밤은 점점 길어져도
어차피 하루는 이십사 시 이듯이
인생도 좋든 싫든 간에 평생 안에 이뤄진다

부모님 은덕으로 이 세상에 온 이상
나쁜 건 보지 말고 좋은 것 만 보면서
분수에 맞는 삶을 살아 후회 없이 살다 가자

사죄의 꿈 / 오계아 17.11.12. 14:08

자고로 살피 건대 죄 없이 살 수 없는
우리의 인생길은 왜 이리도 슬플까
속죄를 구해보려고 꿈을 꾸어 보지만

만두 맛이 익숙지 않아 / 이윤순 17.11.12. 16:20

만두의 종류들은 엉가이도 많다마는
어릴 적 먹지 않아 만두 맛을 모른다네
내 입이 즐기는 맛은 만두보다 팥 찐빵

그리운 친구여! / 정선희 17.11.12. 19:34

빵 좋아 빵순이란 별명을 가진 친구
빵집 앞 지나칠 땐 그 얼굴 떠올라요
지금은 어디에 사나 그리워라 내 친구

세월은 제 맘대로 / 이윤순 17.11.12. 21:50

구부정한 허리에 세월이 올라타고
어서 가자 재촉하니 어느 장사 이길 손가
세월을 이겨 볼 장사 있으면 나와 보소

멋진 미래 / 오계아 17.11.14. 08:41

소라를 따오리까, 미역을 따오리까?
제주도 해녀 노래 무시를 마옵소서
그 속에 멋진 미래가 숨어살고 있지오

기다리는 마음 / 정선희 17.11.14. 12:55

오소서 님이시여 이 가을 다가기전
된서리 장독대에 눈처럼 내리어서
겨울을 재촉하오니 백마 타고 오소서

설레는 마음 / 오계아 17.11.17. 05:08

서울로 떠나려니 잠조차도 물러가서
신 새벽 카페출석 이 일도 기쁨으로
하늘에 감사드리며 기다리는 낮 시간

미련 / 정선희 17.11.18. 14:59

간다고 하던 날이 엊그제 같더니만
아직도 갈 길 몰라 그렇게 서 있느냐
아쉬운 미련일랑은 고이 접어 넣어라

호사다마 / 윤 정 17.11.21. 14:33

라일락 꽃편지에 지난봄 참 좋더라
책갈피 끼운 낙엽 가을도 좋더니만
때 아닌 지진 피해로 수험생들 어쩌누

힘내요 수험생들 / 이윤순 17.11.22. 10:08

누구나 가야 하는 고달픈 인생길
지쳐있는 젊은이들 지켜보니 안쓰러워
그러나 열심히 살아보면 살만한 세상이여

즐거운 글쓰기 / 오계아 17.11.23. 08:22

여유 없이 달려온 여든 일곱 이 계단
이제는 한가하게 잠 잘 때 되었지만
즐거운 글쓰기 때문 잠이 오질 않아서

멋져요 오계아 선생님 / 이윤순 17.11.23. 15:41

서서히 저무는 황혼의 인생길에
인생 노을 멋지게 물들이는 오 선생님
저 또한 선생님 본 받아 힘을 내어 봅니다

시간아 멈추어다오 / 정선희 17.11.23. 20:56

다람쥐 밤 까먹듯 세월을 다보내고
이제와 생각하니 후회가 막급이라
물처럼 흐르는 시간 아쉽기만 하여라

구색 많은 라면 / 이윤순 17.11.24. 16:08

라면도 요새는 온갖 라면 다 있네요
옛날엔 죽자 사자 삼양라면 먹었지요
요새는 짜장면 짬뽕면 그 종류가 엄청나

술 생각 / 정선희 17.11.26. 16:33

나물에 밥을 비벼 나누어 먹고파라
숙주에 미나리가 딱 좋아 얼씨구나
막걸리 한 사발이야 대낮엔들 어떠랴

막막 상중에서 / 오계아 17.11.28. 08:47

랴자에 끝 말 달기 나 재주엔 어려워
고심을 해보지만 도저히 안 열리는
이 산 턱 어떻게 넘고 내 갈 길을 찾을까?

나이 들면 고운 것 택한대요 / 이윤순 17.11.28. 16:09

까만색 파카 보다 빨강이 더 낫다고
대답을 하고보니 흉볼까 두렵네요
늙음이 내 탓인가요 세월 때문인 걸요

귀거래사 읽는 밤 / 정선희 17.11.28. 23:18

요란한 세상사가 마음을 어지럽혀
고요한 산속으로 들어가 살고 싶다
도연명 귀거래사를 소리내어 읽는 밤

자연의 맛이 최고 / 이윤순 17.12.01. 17:22

밤 하면 겨울밤에 군밤이 생각나요
군고구마 붕어빵도 씨린 코를 지극하죠
겨울의 먹거리 중에 젤 친근한 먹거리지

가난의 슬픔 / 오계아 17.12.04. 14:48

지금은 옛날보다 좋아진 것 같아도
가슴 속에 사무친 글 가난의 이 슬픔
오늘도 울어보지만 누가 알아 주실까?

까치 / 김태연 17.12.05. 01:16

까치가 깍깍깍깍 반가운 소식 물고
뜰 앞을 서성이는 초사흘 이른 새벽
오늘은 어떤 소식을 전해줄까 궁금해

등대 / 박성환 17.12.05. 18:37

해지는 부둣가에 너울춤 붉은 파도
잠에서 깨어나라 발등을 간질이면
그제야 해를 찾느라 바빠지는 눈동자

길잃은 갈매기야 내 눈을 바라보렴
길 찾는 고깃배야 내 눈에 의지하렴
갈피를 잡지 못하는 빙빙 도는 마음도

파도가 거품 물고 험하게 대들어도
부릅뜬 눈동자로 너를 꼭 지키리니
눈앞이 캄캄해지면 나를 찾아 오시게

고향의 꽃게장 / 정선희 17.12.05. 22:17

게장 맛 한 번 보면 끊기가 어려워라
해 뜨는 갯마을의 꽃게장 먹고파라
오늘도 입맛 다시며 고향땅을 그려본다

구세군 / 박성환 17.12.06. 11:31

다가온 연말연시
종소리 빨간 냄비
따뜻한 정이 모여
시린 손 녹여주는

빨갛게 끓어오르는
냄비를 걸고 싶소

문우들 덕에 / 오계아 17.12.08. 22:36

소리 없는 울음으로 찢어지는 오장에
추위마저 도와서 얼어붙은 외로움
따뜻이 도와주시는 문우들이 계셔서…

한 장 남은 달력이 찢겨나가고 나면 / 박성환 17.12.10. 09:45

서투른 걸음걸이
익숙해지려는데

열댓 발 내디디면
끝나는 정유년 길

또다시 뒤뚱거리는
서툰 걸음 되겠지!

인맥 다이어트 시대 / 윤 정 17.12.10. 23:00

지금은 밤 열 한 시,
똑 딱 똑 딱 초침 소리

정적을 깨는 것이
설마! 시간, 뿐이랴
꼴까닥
침 넘기느라
다이어트
힘들군

화롯가 이야기 / 박성환 17.12.11. 19:58

군밤이 갑옷 벗는
이야기 고소하고

불 속에 갑옷 입는
고구마 달곰한데

군말은 익어갈수록
떨떠름한 맛이어라

잠동무 / 이윤순 17.12.11. 21:28

라디오 소리 낮춰 머리맡에 놓고서
잠청하던 옛 시절 생각이 나네요
조용히 속삭여주면 꿈나라로 금방 갔지

미쁜 손길 / 오계아 17.12.12. 22:53

지겹게 더웠던 땐 꿈결로 사라지고
반가운 눈싸라기 소록소록 내려와서
늙은이 때묻은 마음 닦아주는 흰 손길

먼 길 / 박성환 17.12.14. 18:51

길 없는 하늘나라
어떻게 가시었소

가는 길 있었으면
오는 길도 있지 않소

얼마나 더 기다려야
길 찾아 오시나요

누가 알꼬 / 이윤순 17.12.15. 04:47

요사이 어느 님이 하늘나라 가셨나요
말이 좋아 하늘이지 어디 간지 누가 알꼬
차라리 땅에 갔단 말이 옳을 것 같소이다

만사형통을 바라며 / 오계아 17.12.15. 09:19

다시 못 올 이 세상 한 번 왔다 가면서
기쁘고 슬픈 일이 오락가락 하지만
카페에 들어올 때는 만사형통 이 기분

건강이 우선 / 이윤순 17.12.18. 05:22

분무기에
식초 넣어 개수대 옆 놓아 두고
채소며
과일이며 그릇 까지 행군다
정성을
쏟아 부어서 가족건강 챙긴다

시조방이 추워요 / 이윤순 17.12.20. 07:25

다정한
우리 님들
다 어디 가시었소
시조 방
불 꺼지면
이 겨울 춥잖아요
따뜻한
방 만들러 오세요
방 추우면 감기 와요

기도하는 시간 / 오계아 17.12.20. 09:50

요즘같이 추운 날 따뜻한 방에 앉아.
책과 컴을 벗삼고 놀아보는 기쁨으로
천국과 극락세계에 거듭나게 된 이때

광명천지 밝은 날 어서어서 오시고
가난한 바다에서 허둥대는 우리를
천주여 불보살이여 부디 구원 하소서

지친 하루 / 이윤순 17.12.21. 04:33

서산에
앉은 해가
지처서 쉬고 있네
하루 종일
지나온 길
구만 리 청천 보며
무사히
지나 왔음을 안도하며 돌아본다

시조는 / 박성환 17.12.23. 16:06

다듬고 고민해야
진하게 스며들고

저절로 피어나야
향기가 오래 가오

울리지 않는 소리는
메아리가 아니오

평화를 기다리며 /오계아17.12.23. 19:16

오기를 기다려도
안 오는 평화 안정

화재 지진 재화가
무서워서 안 오시나

그대가
오지 않으면
우리 아픔이 어떨까?

끝말잇기 마침내 일내다 / 김순진 17.12.26. 08:11

까맣게 잊고 있던 시조로 끝말잇기
이윤순 시인님은 여기서 공부해서
대망의 신춘문예에 당선을 하셨다네

선생이 어디 있나 나자신이 선생이지
좋은 책 어디 있나 습작이 최고의 책
누구나 노력하면은 최고의 시조시인

대장에게 / 박성환 17.12.27. 10:47

인물도 좋으신데 자주 좀 찾아주소
시조도 이어주고 댓글도 달아줘야
제자들 정기 받으러 자주 올 것 아니오

적선지가 필유여경 / 윤 정 17.12.27. 11:42

달구벌 시인님의 신춘당선 소식으로
잇기방 풍요롭고 더불어 보람 있네
자고로 선을 쌓으면 경사롭다 했듯이

축하, 감사합니다 / 이윤순 17.12.27. 16:18

이토록 자신 일같이 기뻐들 해주시고
축하를 해주니 너무나도 감사해요
더더욱 열심히 해서 좋은 회원 될게요

내일을 모르고 살아/ 이윤순 17.12.27. 16:25

요렇게
정유년을
마무리를 하네요
삭제해
버리고싶든
끔직한 정유년을
인생사
새옹지마라 희비가 쌍으로 왔네

갑질하는 그대여 / 박성환 17.12.28. 15:04

네모난 돌멩이나
세모난 돌멩이나

물 위선 뜨지 않는
다 같은 짱돌이오

모서리 하나 더 있다
으스대지 마시오

시조방은 추워요 / 이윤순 17.12.28. 16:12

오세요
회원님들
시조방에 좀 오세요
시작 방만
가지 말고
이방에도 좀 오세요
시조방
손님 없어서 너무너무 허전해

감격 속에서 / 오계아 17.12.29. 08:19

해 저문 겨울밤이
초라해서 울더니만

스토리문학 백호가
기쁘게 들어와서

죽은 님 살아온 감격
무술년에 걸치고

2017년 독후감 / 박성환 17.12.29. 23:24

고생한 줄거리는
밑줄을 그어놓고

아쉬운 페이지는
접어서 표시해서

새해엔 알차게 여문
시간을 꿰어보세

이 도서의 국립중앙도서관 출판예정도서목록(CIP)은 서지정보유통지원시스템 홈페이지(http://seoji.nl.go.kr)와 국가자료공동목록시스템(http://www.nl.go.kr/kolisnet)에서 이용하실 수 있습니다.

(CIP제어번호 : CIP2018001676)

한국스토리문인협회 독백시조 동인
2017년 동인지 창간호

계란찜이 끓는 시간

초판인쇄일 2018년 1월 22일
초판발행일 2018년 1월 27일

지은이 : 장문 외

펴낸곳 : 도서출판 문학공원
발행인 : 김순진
편집장 : 전하라
디자인 : 김초롱
등　록 : 2004년 3월 9일 제6-706호
주　소 : (03382)서울 은평구 통일로 633
녹번오피스텔 501호 스토리문학사
전　화 : 02-2234-1666
팩　스 : 02-2236-1666
홈페이지 : http://cafe.daum.net/yob51
이메일 : 4615562@hanmail.net